Erster Blick in das Innere eines Atoms – Begegnungen mit Gerhard Richter zwischen Kunst und Wissenschaft

Franz J. Gießibl

Lehrstuhl für Quanten-Nanowissenschaft
Institut für Experimentelle und Angewandte Physik
Universität Regensburg,
Universitätsstraße 31, D 93053 Regensburg

Verlag der Buchhandlung
Walther und Franz König, Köln
2022

Korrektorat: Corinna Eindorfer
Grafische Gestaltung: Silke Fahnert, Uwe Koch, Köln
Herstellung: Druckerei Kettler, Bönen

Erschienen im Verlag der Buchhandlung Walther und Franz König
Ehrenstr. 4, D-50672 Köln

Gefördert durch Universitätsstiftung Regensburg

REGENSBURGER UNIVERSITÄTS STIFTUNG

Die Deutsche Nationalbibliothek verzeichnet
diese Publikation in der Deutschen Nationalbibliografie;
detaillierte bibliografische Daten
sind über http://dnb.d-nb.de abrufbar.

Printed in Germany

Vertrieb: Buchhandlung Walther König
Ehrenstraße 4, D-50672 Köln
Tel: +49 (0) 221 / 20 59 6 53
verlag@buchhandlung-walther-koenig.de

ISBN 978-3-7533-0174-7

Inhalt

I. Vorwort

Kunst und Wissenschaft teilen sich eine Quelle: die menschliche Kreativität. Etwas Neues quasi aus dem Nichts zu schaffen, wie es der Physik-Nobelpreisträger Gerd Binnig in seinem Buch über Kreativität [1] beschrieben hat, empfinden manche Menschen auch als Bedrohung. Das Neue ersetzt ja oft etwas Bestehendes und nicht selten werden Pioniere von denen, die sie zum Wandel und zur Weiterentwicklung anregen, wenig geschätzt. Was also ist das Gute an der Kreativität und warum sollte man sich über Verbindungen von Kunst und Wissenschaft Gedanken machen?

Die Erde hat sich durch die Evolution und die Energie der Sonne über etwa fünf Milliarden Jahre zu einem Paradies entwickelt und könnte dies im Prinzip noch sehr lange bleiben. Über das Jahr bestrahlt uns die Sonne mit einer Energiemenge, die nach aktuellen Tarifen für jeden Erdenbürger etwa dem tausendfachen Jahreseinkommen eines Arbeitnehmers einer Industrienation entspricht. Der Stoff, aus dem wir und die Welt bestehen, sind die Atome. Atome nutzen sich nicht ab und sind mit etwa vierzehn Milliarden Jahren fast so alt wie das Universum.

Ein Ziel der menschlichen Kreativität könnte sein, die Kreisläufe auf unserem Planeten so zu gestalten, dass das Gesamtsystem möglichst lange am Leben bleibt. Für dieses Ziel braucht es einen Dialog quer über Disziplinen, Generationen und Kontinente. Die Kunst stimuliert Phantasie und Kreativität, spricht alle Sinne an und spiegelt die Welt auf eine besondere Weise wider. Die Wissenschaft dagegen erklärt die Welt und erschließt Handlungsspielräume.

Vor einem halben Jahrtausend war es noch möglich, bahnbrechender Künstler und zugleich Wissenschaftler zu sein. Leonardo da Vinci war Künstler, Naturwissenschaftler, Erfinder und Ingenieur in einer Person [2]. Heute ist es aufgrund des Fortschritts in all diesen Gebieten schwierig, ein echtes Universalgenie zu sein. Umso wichtiger ist der Dialog zwischen den Disziplinen.

Der bedeutende Künstler Gerhard Richter interessiert sich nicht nur für die Malerei, sondern auch für die wissenschaftlichen Grenzen der Bildgebung kleinster Objekte. Ein Bericht der *Frankfurter Allgemeinen Zeitung* über die erstmalige Abbildung der Ladungswolken eines Atoms im Jahr 2000 führte zu unserem ersten Kontakt. Richter hat mich erfreut, stimuliert, überrascht und von der Bedeutung der Kunst auch für die nüchterne Naturwissenschaft überzeugt. Über die letzten zwanzig Jahre ergaben sich viele Interaktionen und gegenseitige Inspirationen, von denen in diesem Buch berichtet wird.

II. Einführung

A. Erster Blick

In den Abendstunden des 30. Dezember 1999 zeigte sich auf dem Computerschirm meines neu entwickelten Rasterkraftmikroskops ein ungewöhnliches Bild. Das Instrument konnte noch kleinere Details als seine Vorgänger abbilden, weil es auf einem kurz vorher erfundenen Kraftsensor beruhte, der die Präzision der Zeitmessung mit Quarzuhren in hochgenaue Kraftmessungen umsetzen konnte. Auf dem Schirm baute sich Zeile für Zeile das Abbild einer Siliziumoberfläche auf. Bis zu diesem Tag erschienen die schärfsten Bilder, die man von einem Atom mit den modernsten Mikroskopen bekommen konnte, als mehr oder weniger verwaschene Kugeln. Jetzt konnte man plötzlich im Bild eines einzelnen Atoms interne Details erkennen–zwei nierenförmige Strukturen.

Die neuen Bilder waren eine kleine Sensation: Erstmals konnten Muster innerhalb eines Atoms sichtbar gemacht werden. Der Fachartikel erschien im Juli 2000, und im gleichen Monat berichteten die *Frankfurter Allgemeine Zeitung* (FAZ) und der *Spiegel* über das Ergebnis.

Der FAZ-Artikel mit der Überschrift *Erster Blick in das Innere eines Atoms* erweckte das Interesse von Gerhard Richter (*1932), einem der bedeutendsten bildenden Künstler der Gegenwart, dessen umfangreiches Wirken in der kürzlich erschienenen Werkbiographie *„Das Denken ist beim Malen das Malen“* von Armin Zweite beschrieben wird [3]. Richter schuf einen leicht vergrößerten Ausschnitt des FAZ-Artikels mit dem Titel „Erster Blick [CR112] (2000)“, gezeigt in Abbildung 1. Dies führte zum Kontakt zwischen Richter und mir, der sich über die vergangenen Jahre in weiteren Projekten niedergeschlagen hat, über die hier berichtet wird.

B. Malerei

Mit der Malerei kam ich früh in Berührung. Meine Mutter war eine begeisterte Hobbymalerin, sie zeichnete und malte Stilleben, Landschaften, Porträts, Bauernschränke, Schützenscheiben, Maibaumfiguren. Um zu helfen, die sieben Kinder zu ernähren, bemalte sie in Heimarbeit sogar Glas-

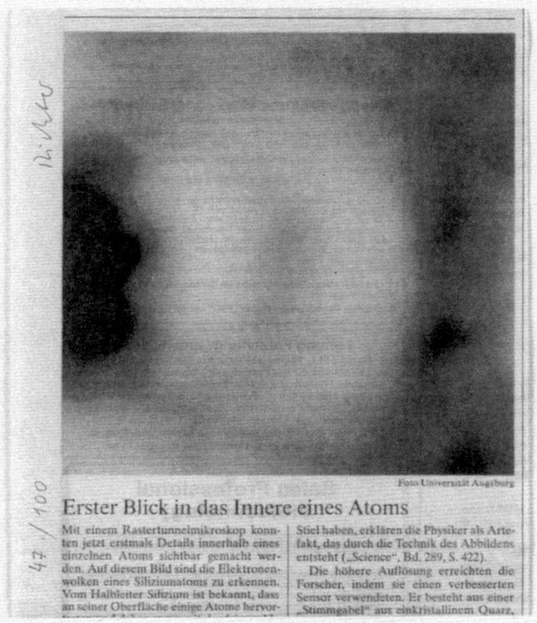

Foto Universität Augsburg

Erster Blick in das Innere eines Atoms

Mit einem Rastertunnelmikroskop konnten jetzt erstmals Details innerhalb eines einzelnen Atoms sichtbar gemacht werden. Auf diesem Bild sind die Elektronenwolken eines Siliziumatoms zu erkennen. Vom Halbleiter Silizium ist bekannt, dass an seiner Oberfläche einige Atome hervor-

Stiel haben, erklären die Physiker als Artefakt, das durch die Technik des Abbildens entsteht („Science", Bd. 289, S. 422).

Die höhere Auflösung erreichten die Forscher, indem sie einen verbesserten Sensor verwendeten. Er besteht aus einer „Stimmgabel" aus einkristallinem Quarz,

47/100

Abbildung 1. Gerhard Richter, Erster Blick (2000), Werkverzeichnis CR112.

flaschen mit einem Gebirgsenzian-Motiv für eine nahe Likörfabrik, 50 Pfennig das Stück.

Geprägt durch diesen frühen Kontakt liebte ich es, auf späteren Reisen die Museen der großen Meister und wenn möglich auch ihre Ateliers zu besuchen, wie zum Beispiel das von Paul Cézanne in Aix-en-Provence. Ich mochte das Fach Kunst in der Schule, technisches Zeichnen und Konstruieren und belegte sogar noch an der Eidgenössischen Technischen Hochschule Zürich einen Kurs in figürlichem Zeichnen. Trotz emsigem Bemühen gelangen mir aber nur wenige halbwegs befriedigende Zeichnungen und Aquarelle. Die Photographie schien einfacher zu sein, sodass ich nach Photokursen in der Schule und zwei Semestern Wissenschaftlicher Photograhie an der TU München sogar ein eigenes Photolabor mit ein paar Freunden einrichtete. Mir war klar, mein Talent lag mehr auf der technischen als auf der künstlerischen Seite. Mit dem Erkennen der eigenen Begrenztheit des Maltalentes ging aber ein großer Respekt für bildende Künstler einher.

Ein weiterer Aspekt des Zeichnens erschloss sich mir als Entwickler von Mikroskopen – das Zeichnen von Konstruktionsplänen und elektronischen Schaltplänen als schöpferischer Akt für Geräte, die dann teilweise hundertfach hergestellt und in vielen Teilen der Welt eingesetzt wurden.

In den gut zwanzig Jahren der Beschäftigung und des Austausches mit Richter entdeckte ich Gemeinsamkeiten zwischen dem Experimentieren und Forschen in der Naturwissenschaft und in der Kunst. Richter hat oft bemerkt, dass das Photo dem Gemälde in vieler Hinsicht überlegen ist. Für einen Maler reicht es längst nicht mehr, perfekt photorealistisch malen zu können, um die Malerei weiterzuentwickeln. Analog ist es für einen experimentell arbeitenden Wissenschaftler zwar befriedigend, das höchstauflösende Mikroskop zu schaffen. Erfüllend wird dies aber erst, wenn man ein Studienobjekt gefunden hat, mit dem man neue Türen der wissenschaftlichen Wahrnehmung öffnet.

Die wissenschaftliche Publikation über die subatomare Auflösung erschien im Juli 2000 im Fachmagazin *Science* [4]. Kurze Zeit später bekam ich Post von einem Kollegen aus Mainz: „Ich habe gesehen, dass Deine Experimente bereits Einzug in die Kunstszene gefunden haben.“ Er sandte mir einen Katalog von Klaus Staeck, in dem der Erster Blick als Offsetdruck für 1200 DM in Auflage 100 angeboten wurde. Ich war erst einmal sprachlos. Unser Experiment hatte in der Fachwelt viel Wirbel gemacht, viele waren begeistert, manche haben das Ergebnis aber auch angezweifelt. Im Jahr 2001 erschien sogar ein Kommentar in *Science* mit der Bemerkung, das Ganze könnte auch ein Artefakt, ein Messfehler sein [5] und die physikalische Erklärung sei nicht mit der modernsten Theorie, der Dichtefunktionaltheorie, untermauert. Obwohl die

Berechnung mit modernsten Methoden nachgeholt wurde [6] und sie unsere einfachere Rechnung vollständig bestätigen konnte, blieben bei einzelnen Kollegen Zweifel an der Gültigkeit unserer Interpretation.

Umso mehr freute mich, dass Gerhard Richter unser Resultat als Vorlage genutzt hat. Zieht man in Betracht, dass Gerhard Richter die *Frankfurter Allgemeine Zeitung* liest und dass die Entwicklung einer neuen Mikroskopietechnik mit hoher Wahrscheinlichkeit zu Bildern führen kann, die auch in der Tagespresse diskutiert werden, war also der Kontakt zwischen Richter und mir viel wahrscheinlicher als etwa die bestimmte Anordnung der Tafeln in Richters Bild „25 Farben“ mit seiner winzigen Wahrscheinlichkeit von 6×10^{-26}.

Nachdem ich das Prospekt von Klaus Staeck gesehen hatte, rief ich ihn an, weil mich interessierte, was Richter an diesem Bild fand. Herr Staeck sagte, es sei schön, dass ich anrufe, Richter wolle mich ohnehin kontaktieren, um herauszufinden, wie genau diese Bilder erzeugt werden. Richter lud mich ein, ihn in seinem Atelier zu besuchen, wenn ich in der Gegend wäre. Am Rande einer Vortragsreise nach Bad Honnef 2002 vereinbarten wir ein erstes persönliches Treffen in Richters früherem Atelier in der Bismarckstraße in Köln. Seine Ehefrau Sabine Moritz nahm ein Photo von uns auf (Bild 2). Richter war zu dieser Zeit längst ein Weltstar, und sein sachliches und bescheidenes Auftreten, gepaart mit seinem starken Interesse an der Bilderzeugung jenseits der Malerei und Photographie, beeindruckten mich dabei nachhaltig.

Bei dieser ersten persönlichen Begegnung im Oktober 2002 schenkte mir Richter die gerade herausgekommene Biographie „*Gerhard Richter, Maler*“ von Dietmar Elger [7]. In diesem detailreichen Werk erfuhr ich, dass Richter in Dresden bereits ein Kunststudium absolviert hatte und ihm dank vieler Aufträge schon als junger Maler die Selbstständigkeit offen gestanden hätte. Trotzdem rang er sich zu dem tiefgreifenden Entschluss durch, seine Heimat auf abenteuerliche Weise zu verlassen und in den Westen überzusiedeln. Dort angekommen, startete er in Düsseldorf ein neues Studium der Malerei und ging weiter seinen Weg zu einer beispiellosen Weltkarriere.

Richters Lebenslauf fand ich sehr fesselnd, weil auch mein eigener viele scheinbare Brüche enthält, die jeweils große Wachstumsimpulse setzten. Mir war klar, dass ich von ihm sehr viel lernen kann. Deshalb lag mir sehr daran, den Kontakt aufrechtzuerhalten. Richters Faszination für die wissenschaftliche Seite der Abbildung der Welt sorgte dafür, dass auch er die Verbindung am Leben erhielt. Aus meiner Sicht gab es gewisse Parallelen zwischen Richters Welt und meiner eigenen. Richter, dessen Augen auch in hohem Alter noch eine starke Lebendigkeit und Aufnahmebereitschaft ausstrahlen, sieht die

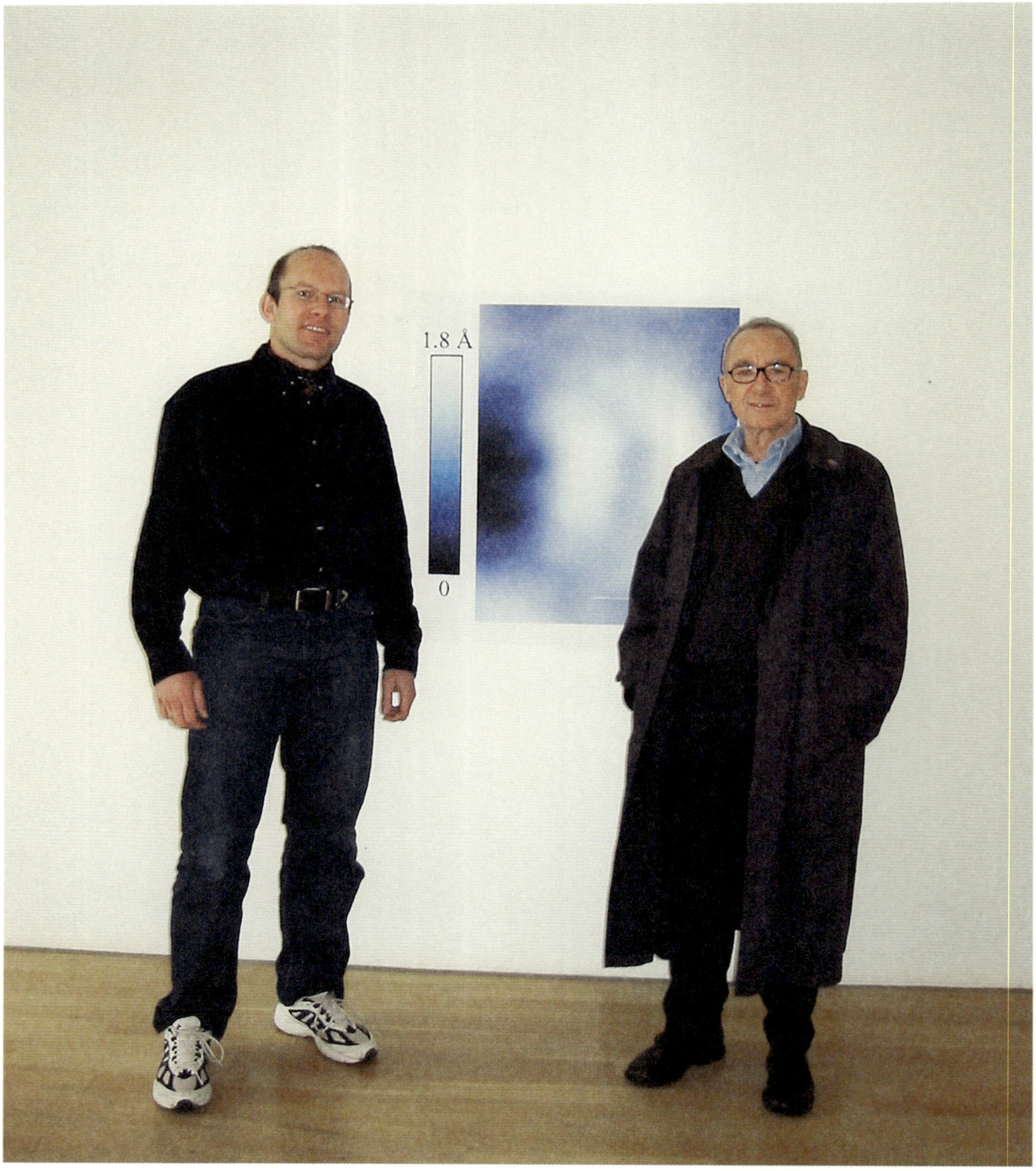

Abbildung 2. Gerhard Richter und der Autor im Atelier Bismarckstraße in Köln vor einem Poster der Vorlage für Erster Blick mit einmilliardenfacher Vergrößerung des Siliziumatoms (22. Oktober 2002). Bild: Sabine Moritz.

Welt in einem besonderen Blick und öffnet uns diesen mit seinen tausenden von Kunstwerken. Auch heute noch kümmert er sich im Detail um die Ausstellungen in aller Welt und arrangiert zu deren Planung magnetisch gehaltene Miniaturversionen der Kunstwerke auf nachgebauten Modellen der jeweiligen Museen und Ausstellungsräume. Er hat mich auf viele Ausstellungseröffnungen eingeladen und umgekehrt berichtete ich ihm häufig von Konferenzreisen und neuen wissenschaftlichen Ergebnissen. Richters Kunstwerke kann man als Vehikel der visuellen Wahrnehmung sehen und unsere neu geschaffenen Mikroskope und Abbildungstechniken weisen durchaus Analogien auf.

Die folgenden Kapitel berichten in mehr oder weniger chronologischer Folge über unsere Begegnungen.

III. Zufall

A. 25 Farben

Wie kam die Begegnung mit Richter zustande? Sie beruht auf einer Kaskade von Zufällen. Gerhard Richter war immer fasziniert von der Macht des Zufalls. Sein Bild „25 Farben", wiedergegeben in Bild 3, zeigt 25 quadratische Tafeln unterschiedlicher Farbe mit einer Größe von jeweils etwa 10 cm mal 10 cm. Das gesamte Bild misst also etwa einen halben Meter im Quadrat. Geht man davon aus, dass die Anordnung der Farben zufällig ist, stellt sich die Frage nach der Zahl der verschiedenen Möglichkeiten, die Farbtafeln anzuordnen. Intuitiv würde man sagen, es seien zwar viele, aber überschaubar viele.

Tatsächlich ist es einfach, die Zahl der Möglichkeiten zu berechnen. Wenn man die Tafeln eine nach der anderen anordnet, hat man für die erste 25 Möglichkeiten zur Verfügung. Für die zweite bleiben 24, für die dritte 23 und so weiter. Am Ende hat man 25 mal 24 mal 23 ... mal 2 mal 1 Möglichkeiten. Die Mathematiker haben als Abkürzung dieser Rechenvorschrift die Fakultät eingeführt, ausgedrückt durch ein Ausrufezeichen nach der Zahl, also 25!. Diese Zahl ist riesig, mit $25! = 15\,511\,210\,043\,330\,985\,984\,000\,000 \approx 1.6 \times 10^{25} \approx 1/6 \times 10^{-26}$. Die Wahrscheinlichkeit für eine bestimmte Farbkonstellation ist also

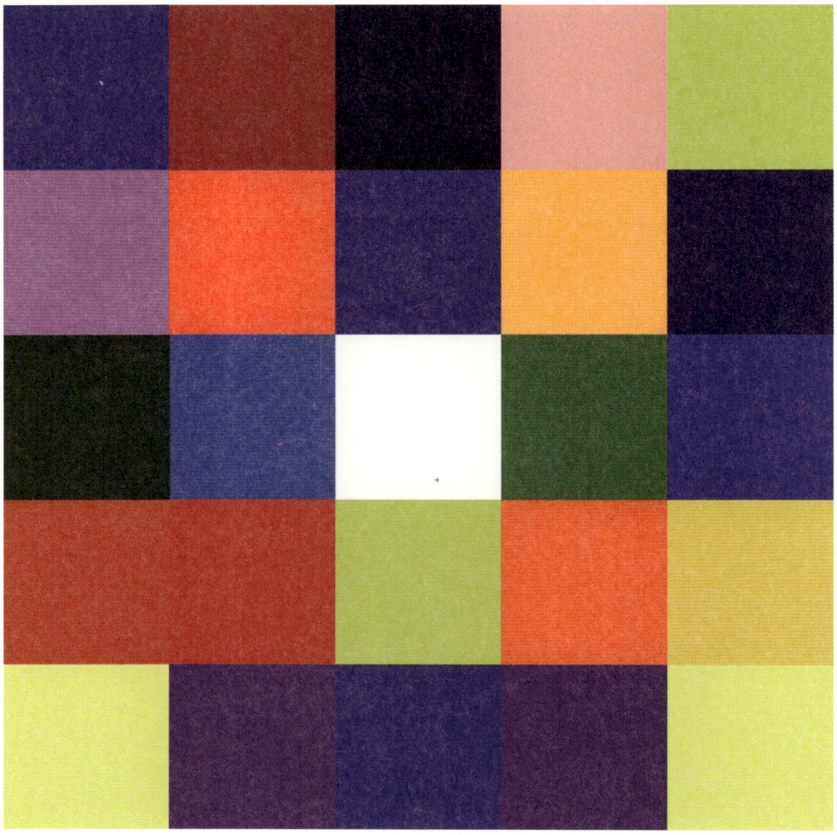

Abbildung 3. Gerhard Richter, 25 Farben (2007), Werkverzeichnis [901-4].

lediglich etwa 6×10^{-26}. Würde man alle Varianten von „25 Farben" nebeneinander stellen, ergäbe sich eine Strecke, die dem zehntausendfachen Durchmesser unserer Galaxis, der Milchstraße, entspricht. Die Wahrscheinlichkeit für die bestimmte Anordnung der Farben aus Richters „25 Farben" ist damit weit kleiner als die, dass Gerhard Richter und ich vollkommen zufällig zusammentrafen. Zieht man das gemeinsame Interesse an der Abbildung von Natur und Welt in Betracht, steigt die Wahrscheinlichkeit für eine Begegnung immens.

B. Zeit und was die Welt zusammenhält

Die Technik fasziniert mich, seit ich denken kann. Als Kind fragte ich mich, warum ein Spielzeug, das man zerbricht, nach dem exakten Zusammenfügen der Teile nicht wieder genau so gut hält wie vorher. Was genau hält eigentlich die Materie zusammen?

Eine zweite wichtige Frage war das Wesen der Zeit und ihre Messung mit Uhren. Eine Uhr zu zerlegen, um ihre Funktion herauszufinden, übte schon als Kind eine große Faszination auf mich aus. Das in Bild 4 gezeigte Uhrwerk mit den fein gefertigten Zahnrädern kann man durchaus als Kunstwerk auffassen – Wissenschaft und Kunst kommen sich hier sehr nahe. Die von Einstein aufgeworfenen Fragen nach dem Problem der Gleichzeitigkeit, dem Wesen des Lichts und der Relativität verstärkten die Neugier über das Wesen der Zeit.

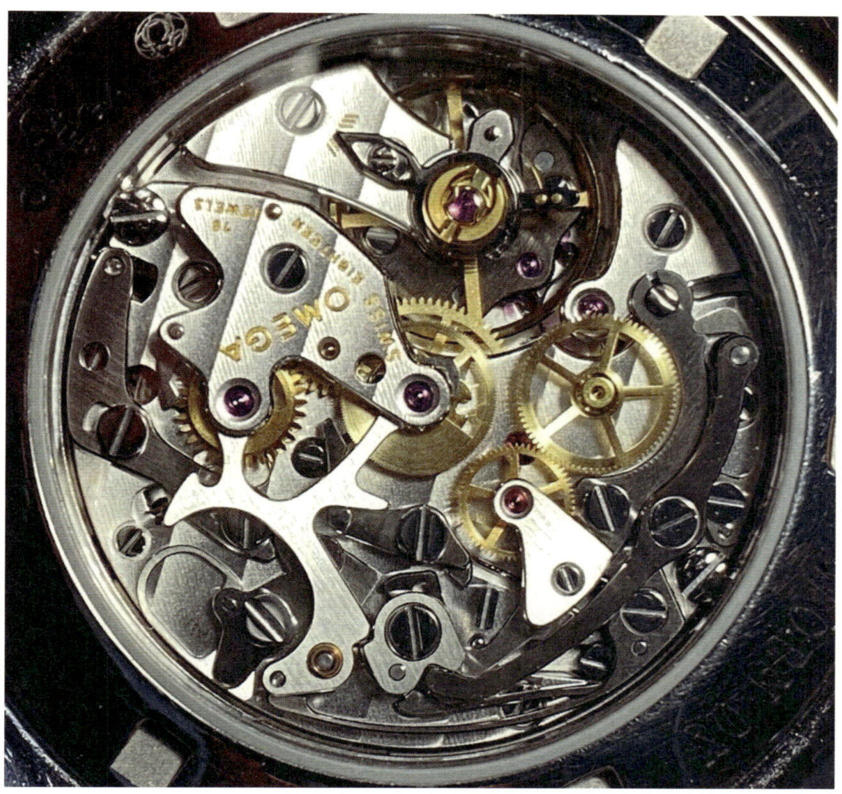

Abbildung 4. Uhrwerk einer mechanischen Armbanduhr, photographiert durch die transparente Rückwand.

Wenn man eine Uhr zerlegt und das Zusammenwirken der Rädchen analysiert, erschließt sich die Funktion der Uhr vollständig. Später habe ich mich gefragt, ob man durch das Betrachten der kleinsten stabilen Bestandteile der Welt, der Atome, auch auf das große Ganze schließen kann. Erwartete der Leser des FAZ-Artikels „Erster Blick in das Innere eines Atoms" auch, dass man kleine Zahnrädchen darin findet, und war dann enttäuscht, dass nur Schemen zu sehen sind? Richter fühlte sich wohl durch das Ergebnis bestätigt, vermutlich hat er deshalb „Erster Blick" erschaffen.

Das Verständnis der Atome und ihrer Wechselwirkungen hat zu technischen Entwicklungen geführt, die unser Leben dramatisch verändert haben. Transistoren, Laser und viele andere Entwicklungen sind daraus entstanden und schufen die Grundlage für eine neue Welt technischer Möglichkeiten. Werden wir einst auch die Entstehung von Lebewesen einschließlich des Menschen auf so einer atomaren Skala verstehen?

Meine Reise in diesen Fragenkosmos begann früh. Bereits mit sechs Jahren zerlegte ich einen defekten mechanischen Wecker mit Hilfe zweier großer Steine irreversibel in seine Bestandteile. Immerhin konnte ich die größeren Zahnräder noch als Kreisel verwenden.

C. Zufälle und der Weg zu „Erster Blick"

Im Alter von 15 Jahren durfte ich meinen Vater in seinem Lastwagen dabei begleiten, eine mysteriöse Maschine der Größe eines VW Käfers vom nahe meines Geburtsortes Amerang in Oberbayern liegenden Hersteller zu einer Lackiererei zu befördern. Die Maschine war ein auf der holographischen Lasertechnik basierendes Reifenprüfgerät.

Bei der Verladung des Geräts im Labor des Herstellers sah ich zum ersten Mal in meinem Leben Laserlicht und war sofort begeistert. Wenn Sonnenlicht auf eine Wand fällt, sieht man einen hellen Fleck, der sich kaum ändert, wenn man den Kopf neigt. Bei kohärentem Laserlicht, welches auf eine Wand fällt, bemerkt man eine auffällige Körnigkeit, die sich beim Bewegen des Kopfes stark ändert. Faszinierend!

Wenige Tage später stellte ich mich beim Chef dieser Firma vor, um nach einer Praktikantenstelle zu fragen. In den Jahren danach verbrachte ich die Ferien häufig in diesem holographischen Labor und es war klar, dass ich Optik studieren musste, um alle Geheimnisse dieser faszinierenden Laserstrahlung zu verstehen.

Während des ersten Studienjahres der Feinwerktechnik und Optik an der Fachhochschule München riet mir mein Physikprofessor, an die Technische Universität zu wechseln, weil mein tiefer Wissensdurst dort besser gestillt werden könne. Das Studium der Physik an der TU München lieferte Antworten auf viele meiner fundamentalen Fragen und mächtige Werkzeuge zum Lösen neu aufkommender wissenschaftlich-technischer Fragestellungen.

Im vierten Studienjahr wechselte ich für ein Jahr als Gasthörer in die Schweiz an die Eidgenössische Technische Hochschule Zürich (ETH). Die Schriften und das Leben von Albert Einstein haben mich gefesselt und so war ein naheliegender Schritt, an seine frühere Ausbildungs- und Wirkungsstätte zu gehen. In den Frühjahrssemesterferien suchte ich mir wieder eine Praktikantenstelle. Ich hatte auf den Gängen der ETH gehört, dass die Wissenschaftler Gerd Binnig und Heinrich Rohrer am nahe bei Zürich gelegenen Forschungslaboratorium Rüschlikon der IBM (International Business Machines Corporation) ein neuartiges Mikroskop erfunden hatten, mit dem man sogar Atome sehen kann. Dorthin sandte ich eine formlose Bewerbung und bekam das Angebot, von Februar bis März 1986 an einem Fabry-Pérot-Laserspektrometer zu arbeiten, um es zu optimieren.

Mein Betreuer, Eric Courtens, war zufrieden mit meiner Arbeit und fragte mich am letzten Tag meines Praktikums, ob ich schon Pläne für die Zukunft hätte. Er erzählte, dass Gerd Binnig im Moment in Stanford in den USA arbeite aber plane, an der Ludwig-Maximilians-Universität München (LMU) eine Forschungsgruppe aufzubauen, und Mitarbeiter suche. Seine Frage, ob ich Interesse hätte, dabei mitzuwirken, habe ich begeistert bejaht. Binnig und Rohrer waren zu dieser Zeit bereits als Nobelpreiskandidaten im Gespräch und ich hatte nicht zu träumen gewagt, dass diese Möglichkeit wahr werden könnte.

Einige Monate später klopfte Madame Brunner, die Vermieterin meines Studentenzimmers in Zürich Oerlikon, an die Tür: „Da ist ein Telefon für Sie!“ Gerd Binnig war am Apparat und bot mir aufgrund Eric Courtens Empfehlung an, als Mitglied der IBM-Physikgruppe München an der LMU mit ihm zu forschen. Er empfahl mir, mein Diplomstudium so schnell wie möglich abzuschließen, und bot mir für die Zeit danach eine Doktorandenstelle an.

Ab Herbst 1986 war ich wieder an der TU München und begann bei Professor Gerhard Abstreiter eine Diplomarbeit über die Erzeugung und laserspektroskopische Vermessung eines künstlichen Halbleiters aus einzelnen Atomlagen Silizium und Germanium. Das Thema war ebenfalls sehr spannend und Gerhard Abstreiter war ein begnadeter Lehrer in der experimentellen Halbleiterphysik.

Im Oktober 1986 wurde bekannt gegeben, dass der Physiknobelpreis 1986 zur einen Hälfte an Ernst Ruska für das ein halbes Jahrhundert zuvor von ihm erfundene Rasterelektronenmikroskop und zur anderen Hälfte an Gerd Binnig und Heinrich Rohrer für die Erfindung des Rastertunnelmikroskops vergeben wird [8]. Schon im nächsten Jahr ging ein weiterer Physik-Nobelpreis an zwei Forscher von IBM Rüschlikon: Georg Bednorz und Karl Alexander Müller wurden für die Entdeckung keramischer Hochtemperatur-Supraleiter ausgezeichnet. Georg Bednorz hatte übrigens in seiner Diplomarbeit bei Müller an Strontiumtitanat geforscht, von diesem Material wird später noch gesprochen.

Trotz des Gastjahres in Zürich hatte ich als einer der Ersten meines Anfangsjahrgangs das Diplom in der Tasche und konnte nach einer ausgedehnten Reise durch Mexiko und Guatemala auf den Spuren von Max Frischs *„Homo Faber"* [9] im Mai 1988 die Promotionsstelle bei Gerd Binnig antreten. In Frischs Roman erfährt die zunächst sehr technische Weltsicht der Hauptfigur Walter Faber, Ingenieurabsolvent der ETH Zürich, eine dramatische Erweiterung. Faber sieht sich in eine Welt geworfen, in der der Zufall und Kräfte jenseits vorhersagbarer Wissenschaft einen mächtigen Einfluss entfalten. Insofern war die Reise und die Beschäftigung mit Frisch eine gute Vorbereitung auf das, was da kommen sollte.

Eigentlich hatte ich keine Promotion angestrebt. Hermann Lübbe, bei dem ich an der Universität Zürich ein Semester Philosophie hörte, hatte bemerkt, „Hochschulen sind erfahrungsverdünnte Räume" und Erfahrungen waren genau das, worauf ich hungrig war. Andererseits war eine von der IBM finanzierte Promotionsstelle sehr attraktiv. Bereits das Praktikum bei IBM Rüschlikon war sehr professionell organisiert. Die Firma gab mir vom ersten Tag an das Gefühl, dass meine Arbeit dort wirklich zählt.

Gerd Binnig schlug mir drei Promotionsthemen zur Auswahl vor. Das erste war der Versuch, die von Albert Einstein im Jahr 1911 postulierten Gravitationswellen experimentell nachzuweisen. Das zweite Thema war, die Abfolge der Basenpaare der Desoxyribonukleinsäure (DNS) mit dem Rastertunnelmikroskop auszulesen, also den Code allen Lebens, das Erbgut, zu entschlüsseln. Der dritte Themenvorschlag war das Bestreben, ein Rasterkraftmikroskop zu schaffen, mit dem atomare Auflösung möglich ist.

Das erste Thema wurde im Jahr 2016 von einem weltumspannenden Team aus tausend Wissenschaftlern spektakulär gelöst [10]. Barry Barish, Rainer Weiss und Kip Thorne wurden stellvertretend für das gesamte Team im Jahre 2016 mit dem Nobelpreis für Physik und mit dem Kavli-Preis für Astrophysik für diese großartige Leistung ausgezeichnet.

Auch das zweite Thema, die Entschlüsselung der DNS-Struktur, wurde durch einen aufwändigen und kostspieligen Ansatz gelöst, dem Humangenomprojekt mit ebenfalls etwa tausend Beteiligten. Mit dem Rastertunnelmikroskop ist diese Entschlüsselung aber noch nicht gelungen, was zeigt, dass Gerd Binnig Ziele mit einem sehr hohen Anspruch liebt.

Die dritte Problemstellung, das Rasterkraftmikroskop zur atomaren Auflösung zu führen, sprach mich sofort am stärksten an – die Beschäftigung damit hat letztlich die fundamentale Frage aus der Kindheit beantwortet, warum ein zerbrochenes Spielzeug nicht wieder heil wird, wenn die Teile exakt zusammengefügt werden.

Das Rasterkraftmikroskop, oder auf Englisch „Atomic Force Microscope (AFM)" war das neue Mikroskop, mit dem Binnig 1985 und 1986 mit dem Stanford-Professor Calvin Quate und Christoph Gerber, Binnigs Techniker aus den Tunnelmikroskopie-Zeiten in Rüschlikon, gearbeitet hatte.

Das Rasterkraftmikroskop ist eine Erweiterung des Rastertunnelmikroskops. Es wurde von Binnig im Jahr 1985 erfunden [11], und die erste technische Realisierung [12] erfolgte kurz darauf zusammen mit Christoph Gerber und Calvin Quate. Seine Funktion wird im nächsten Kapitel erklärt.

Christoph Gerbers Organisationstalent und Tatkraft war es zu verdanken, dass die IBM-Physikgruppe München an der Ludwig-Maximilians-Universität München rasch starten konnte. Gerber erhielt mehrere Ehrendoktorwürden und wirkte nach Ende der Tätigkeit bei IBM als Professor an der Universität Basel.

Die IBM-Physikgruppe bestand lediglich aus einer Handvoll Mitarbeitern, räumlich eingebettet in den Lehrstuhl des Laserexperten Theodor Hänsch, der fast gleichzeitig mit Binnig von Stanford nach München umzog. Die Lage des Labors im Herzen von Schwabing war zwar wegen der Vibrationen, die von den vorbeifahrenden Bussen ausgingen, nicht optimal, hatte aber den Vorteil, dass man sich nach einem langen Laborabend direkt ins Münchner Nachtleben stürzen konnte. Theodor Hänsch war zwar an der neu aufgekommenen atomar auflösenden Mikroskopie sehr interessiert, fokussierte sich aber weiter auf sein Fachgebiet, die Optik. Im Jahr 2005 wurde er zusammen mit John Hall und Roy Glauber für bahnbrechende optische Präzisionsmessungen mit dem Nobelpreis für Physik ausgezeichnet.

Binnig setzte sich neben der Betreuung einiger Mitarbeiter und Studenten auf den Gebieten der Rastersondenmikroskopie ein sehr ehrgeiziges neues Ziel: ein neues Verständnis über die Evolution von Natur und Mensch zu entwickeln. Er hielt dazu eine Vorlesung an der Universität und schrieb ein viel beachtetes Buch mit dem Titel *„Aus dem Nichts – Über die Kreativität von Natur und Mensch"* [1].

Das von mir aus den drei Vorschlägen gewählte Thema war vergleichsweise einfach, aber immer noch schwierig genug. Das Problem beim Rasterkraftmikroskop war, dass es zunächst nicht die erhoffte atomare Auflösung erzielen konnte. Es stellte sich heraus, dass die physikalischen Herausforderungen wesentlich schwieriger sind als beim Rastertunnelmikroskop [13]. Das Thema meiner Doktorarbeit war nun, die atomare Auflösung des Kraftmikroskops zu realisieren. Ein noch ehrgeizigeres Ziel wäre gewesen, die komplexe 7 × 7-Rekonstruktion der Siliziumoberfläche mit dem Kraftmikroskop aufzulösen, weil damit das Kraftmikroskop als mächtiges Werkzeug der Oberflächenphysik etabliert wäre. Dieses Ziel wurde mit dem Rastertunnelmikroskop bereits wenige Jahre nach seiner Erfindung erreicht [14] und das Ziel war nun, mit unserem zusammen mit Gerd Binnig und Christoph Gerber in München gebauten Kraftmikroskop zunächst atomare Auflösung auf irgendeiner Oberfläche zu erreichen. Dabei zeigten sich große Schwierigkeiten, weil Oberflächen im Vakuum chemisch sehr reaktiv sind und der Federbalken mit seiner Abtastspitze eine starke chemische Bindung einging, die das zerstörungsfreie Abtasten unmöglich machte.

Diese experimentelle Beobachtung liefert übrigens auch die Antwort auf die Frage, warum ein Spielzeug nach dem Zerbrechen und wieder Zusammenfügen nicht einfach wieder zusammenhält. Wenn das Spielzeug an Luft zerbrochen wird, bildet sich bereits eine Nanosekunde danach ein monomolekularer Film von Adsorbaten auf der Bruchfläche, der eine starke chemische Bindung der Teile aneinander verhindert. Eine Nanosekunde ist eine kurze Zeit, ein Milliardstel einer Sekunde, in der das Licht lediglich eine Strecke von 30 cm zurücklegt. Im Ultrahochvakuum bleiben die Oberflächen über Stunden oder sogar Tage sauber. Man hat dort als gegenteiliges Problem das starke Aneinanderhaften von Bauteilen.

Aufgrund der starken chemischen Bindung der Spitze des Kraftmikroskops zur Probe wählten wir zunächst die chemisch reaktionsträge Oberfläche von Kaliumbromid, eines Salzes, welches die gleiche Kristallstruktur wie Kochsalz aufweist [15]. Der Weg zur atomaren Auflösung war gepflastert mit vielen Fehlschlägen und harter Arbeit. Auch Binnig war häufig noch spät nachts im Labor zugegen. Nach einigen Jahren gelang endlich der Durchbruch. Ich erinnere mich heute noch an die Gänsehaut und den kalten Schauer über dem Rücken, als endlich die Atome der Kaliumbromidoberfläche auf dem Bildschirm erschienen. Es war wohl ein Samstag, Theodor Hänsch experimentierte in seinem Labor nebenan und ich konnte ihm aufgeregt und begeistert live die Atome zeigen, wie in Bild 5 wieder gegeben [16].

Der nächste Schritt führte mich im Sommer 1992 nach Kalifornien. Der aus Südkorea stammende Sang-il Park hatte als Doktorand bei Calvin Quate

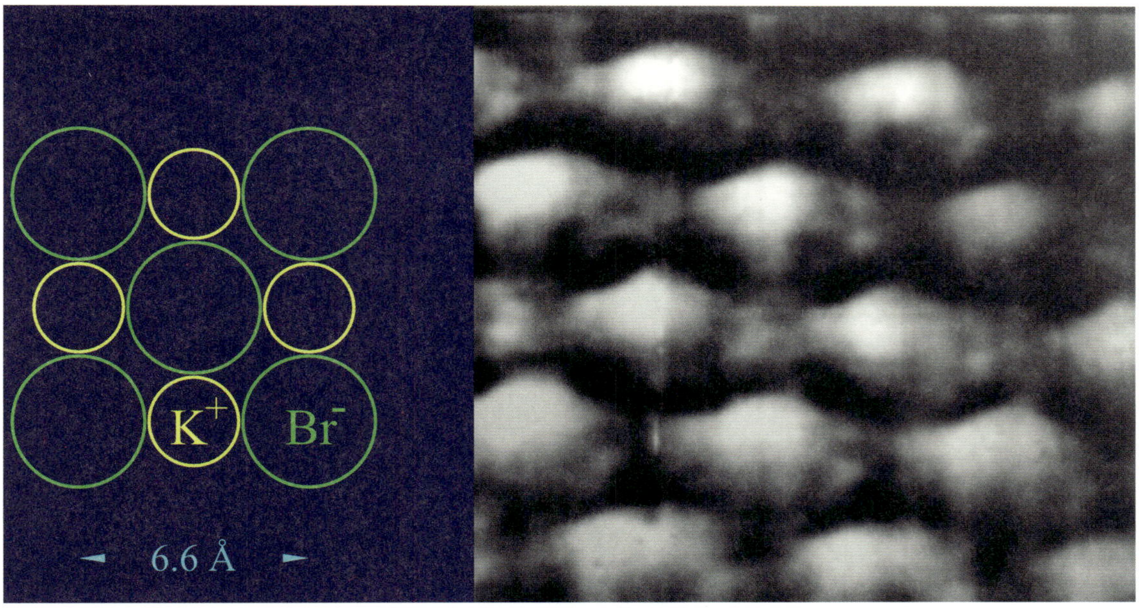

Abbildung 5. Die (100)-Kristalloberfläche von Kaliumbromid, atomar aufgelöst mit dem Kraftmikroskop.

in Stanford in seiner Doktorarbeit eines der ersten Rastertunnelmikroskope entwickelt, welches die atomare Abbildung der 7 × 7-Rekonstruktion der Siliziumoberfläche außerhalb des IBM-Labors in Rüschlikon reproduzieren konnte. Sang-il Park gründete anschließend in Mountain View im Herzen des Silicon Valleys die Firma Park Scientific Instruments, mit der er das von ihm entwickelte Tunnelmikroskop produzierte und vermarktete. Er bot mir eine Stelle an, um ein Rasterkraftmikroskop zu entwickeln, welches auch im Vakuum arbeiten sollte. Professor Calvin Quate, der als Berater der Firma fungierte, besuchte mich immer wieder im Labor der Firma und ermutigte mich zum Versuch, die Siliziumoberfläche mit dem neuen Kraftmikroskop atomar abzubilden.

Das in meiner Promotionszeit in München beobachtete Problem des Festklebens der Spitze konnten wir vermeiden, indem wir den Federbalken in eine resonante Schwingung versetzten und die Änderung der Schwingungsfrequenz durch die auf die Spitze wirkenden Kräfte als Messsignal verwendeten. Im Frühjahr 1994 war das Mikroskop fertig und kurz darauf waren wir weltweit die Ersten, welche die atomare Auflösung der Siliziumoberfläche [17] erreichten. Sogar die *Frankfurter Allgemeine Zeitung* berichtete über das Ergebnis, wenn auch nur als Text [18].

Mit der atomaren Auflösung von Silizium war ein wichtiges und schwieriges wissenschaftliches Ziel erreicht, welches zeitweise auch nach Meinung meines sehr optimistischen Doktorvaters Gerd Binnig unerreichbar schien. Das von mir bei Park Scientific Instruments in Kalifornien entwickelte Vakuum-Kraftmikroskop hatte einen wichtigen Meilenstein erreicht und ich hatte kein weiteres wissenschaftliches Ziel im Visier. Nach Abschluss der Entwicklung des Mikroskops war ich stark in Marketing und Vertrieb eingebunden, hatte aber das Gefühl, dass ich auf diesem Gebiet noch viel lernen müsse, um Innovationen erfolgreich in die breite Anwendung führen zu können. Deshalb wollte ich mehr Erfahrungen über Wirtschaft gewinnen und bewarb mich bei der internationalen Unternehmensberatung McKinsey & Company im deutschen Büro, um dann nach zweieinhalb Jahren in den USA wieder nach Deutschland zurückzukehren.

Dieser Wechsel war ein gewisser Kulturschock, weil die Dynamik und Weltoffenheit des Silicon Valleys doch stark zum Leben in Deutschland kontrastiert. Der Campus der Stanford-Universität strahlte einerseits eine große Ruhe aus, andererseits entsprangen daraus viele Innovationen, die das Leben der gesamten Menschheit verändert haben. Deshalb besuchte ich Quate auch Jahre nach der Rückkehr nach Deutschland immer wieder in diesem Weltzentrum der Hochtechnologie.

Ich hatte eigentlich mit der Physik abgeschlossen und freute mich auf neue Herausforderungen in der Topmanagement-Beratung. Meine Erwartung war, dass ich im neuen Umfeld vielleicht neue Ansätze und Modelle für Innovations- und Umsatzsteigerungsprogramme erfinden könnte. Die Arbeit als Berater war sehr spannend, aber auch sehr fordernd, weil für die Klienten und für uns Berater viel auf dem Spiel stand und schon nach kurzer Zeit relevante Ergebnisse erwartet wurden. Entsprechend hart war der Alltag: montags um fünf aufstehen, mit dem ersten Flieger zum Klienten reisen, oft bis Mitternacht arbeiten und am Freitag meist noch zu Hause im Münchner McKinsey Büro. Fachlich war ich aufgrund meines technischen Hintergrunds häufig bei Benchmarking-Studien eingesetzt, wo wir kritische Funktionen unseres Klienten mit der Praxis der globalen Champions verglichen.

Ich fragte mich, ob ich in meiner früheren Tätigkeit als Wissenschaftler tatsächlich immer weit genug nach der weltbesten Lösung für ein technisches Problem gesucht hatte. Tatsächlich war bei der Entwicklung des kritischsten Teils des Kraftmikroskops, der Kraftfeder, der Zufall im Spiel. Gerd Binnig forschte während seines Sabbatjahres 1986 in der Gruppe von Professor Quate in Stanford. Dort war die Mikrostrukturierung von Silizium ein Standardverfahren und so wurden die Kraftfedern aus Silizium gefertigt. Die Benchmarking-Erfahrungen stimulierten mich, darüber nachzudenken, ob Silizium wirklich das optimale Material ist. Wir hatten die Abtastkraft ja über die Frequenzänderung des Silizium-Federbalkens gemessen.

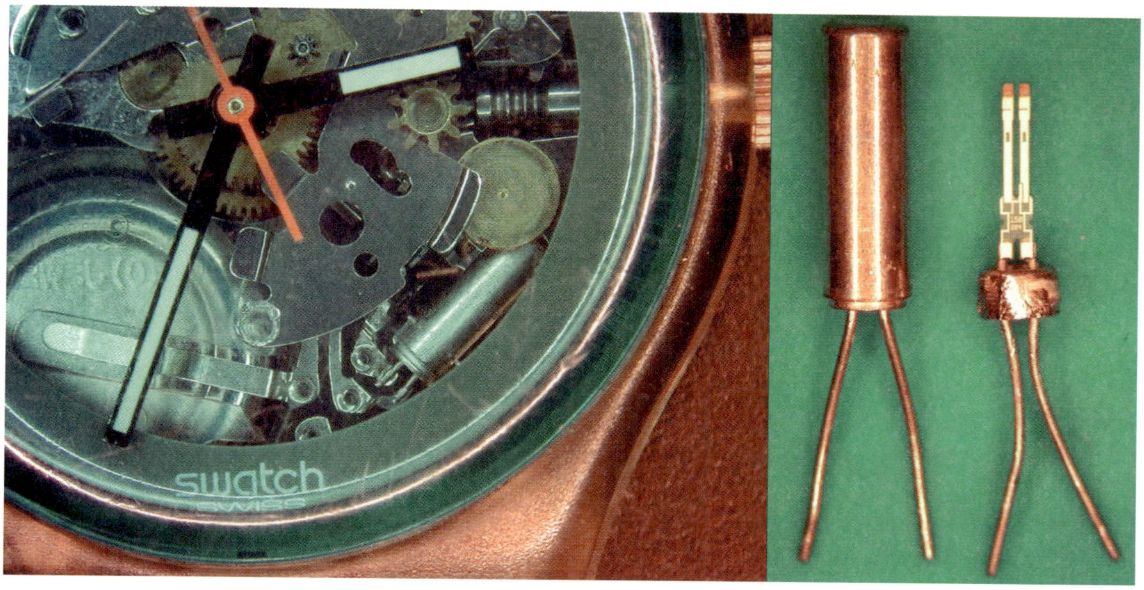

Abbildung 6. Links: Photo einer transparenten Swatch-Uhr von 1986. Der schräg stehende Metallzylinder nahe der 4-Uhr Position enthält den Taktgeber der Uhr. Rechts: Der Taktgeber besteht aus einem evakuierten Metallzylinder, in dem sich eine Quarzstimmgabel befindet. Diese Quarzstimmgabel oszilliert mit einer Frequenz von exakt 32 768 Hz, also 2^{15} Hz und erzeugt dabei ein über die beiden Drähtchen ableitbares Wechselstromsignal. Eine elektronische Schaltung in der Uhr teilt das Taktsignal 15 mal durch 2 und gelangt dann zum Sekundentakt, der das Zeigerspiel der Uhr treibt. Aufgrund der hohen Frequenzstabilität und des direkt generierten elektrischen Signals ist die Quarzstimmgabel eine hervorragende Basis für das Herz eines Rasterkraftmikroskops, den Kraftsensor.

Die Messung von Zeit und Frequenz ist ein jahrhundertealtes Problem der Uhrmacher [19]. Tatsächlich gibt es keine Uhren, welche die Zeit über die Schwingungsfrequenz eines Siliziumbalkens messen, obwohl einige Hersteller seit einigen Jahren Silizium auch in Unruhfedern verwenden. Dagegen rief die Einführung der Quarzuhren in den 70er-Jahren eine Revolution in der Uhrenindustrie hervor. Sogar Rolex, ein Premiumhersteller kunstvollster mechanischer Uhren, fabrizierte für einige Jahre auch Uhren mit Quarzwerk. Allgemein erwiesen sich Quarzuhren als extrem präzise, kostengünstig und wartungsarm. Das zeitgebende Element der Quarzuhr ist eine Quarzstimmgabel, die wenige Millimeter groß ist und deren Frequenz hochstabil ist (Bild 6). Deshalb stellte sich die Frage, ob man nicht sehr viel präzisere Federbalken aus Quarz herstellen kann. Als ich die Partner von McKinsey & Company über diese Idee informierte, gewährte mir die Firma bezahlten und unbezahlten

Urlaub, um diese Frage zunächst im Heimlabor zu untersuchen. Tatsächlich war die Verwendung einer Quarzstimmgabel als Basis für einen Kraftsensor sehr viel versprechend und so beantragte ich für den von mir sogenannten „qPlus-Sensor" als Verbesserung des Silizium-Federbalkens (siehe Bild 6) die Erteilung eines Patents.

Christoph Gerber machte mich mit Jochen Mannhart bekannt, der am IBM-Labor in Rüschlikon gearbeitet hatte und einen Physik-Lehrstuhl in Augsburg übernahm. Jochen Mannhart bot mir eine Stelle an und so hatte ich ab Januar 1997 genügend Freiheiten, um im Labor herauszufinden, ob der qPlus-Sensor dem Siliziumfederbalken tatsächlich überlegen ist. Diese Gelegenheit war ein Glücksfall – obwohl für mich Jahre früher die „erfahrungsverdünnte Universität" eher wenig reizvoll schien, war es jetzt die perfekte Umgebung um diese noch unreife Idee umzusetzen. Deshalb ist es auch wichtig, den Freiraum der Forschung an der Universität zu bewahren und die Universitäten nicht in die Lieferketten der Industrie einzuweben wie kürzlich in einem FAZ-Artikel von Ferdinand Evers befürchtet [20].

Schon die ersten Versuche waren vielversprechend und im Dezember 1999 fanden sich die schon oben angesprochenen Ergebnisse mit den „gespaltenen" Atomen ein.

IV. Das Atom als elementarer Baustein der Welt

„Würde eine Katastrophe alle Erkenntnisse der Wissenschaft auslöschen und nur ein Satz bliebe für die überlebenden Generationen von Lebewesen, welcher Satz enthielte die meiste Information in der kleinsten Zahl an Worten? Ich glaube, es wäre die Atomhypothese (oder das Faktum des Atoms oder wie immer man das sagen möchte), dass nämlich alle Dinge aus Atomen gemacht sind–winzigen Teilchen die sich ständig bewegen, sich anziehen, wenn sie sich nahe kommen, aber sich abstoßen, wenn man sie aufeinander drückt. In die-

sem Satz, ihr werdet sehen, liegt eine enorme Menge an Information über die Welt verborgen, wenn man etwas Vorstellungskraft und Nachdenken aufbringt.“ Mit dieser Betrachtung beginnt der eminente amerikanische Physiker Richard Phillips Feynman sein dreibändiges Lehrbuch *„Vorlesungen über Physik“* [21].

Das Universum, einschließlich unseres Sonnensystems und der Erde, besteht im Wesentlichen aus Atomen, welche sich durch die Zahl ihrer Protonen und Neutronen unterscheiden. Die Zahl der Protonen bestimmt das chemische Element, die Zahl der Elektronen ist automatisch gleich der der Protonen.

Die Atomhypothese reicht bis ins Altertum zurück. Demokrit von Abdera, geboren 460 oder 459 vor Christus, war einer der Hauptvertreter der Atomistik, wonach Materie aus kleinsten nicht weiter teilbaren Partikeln besteht. Der englische Physiker John Dalton (1766–1864) stellte das Gesetz der mul-

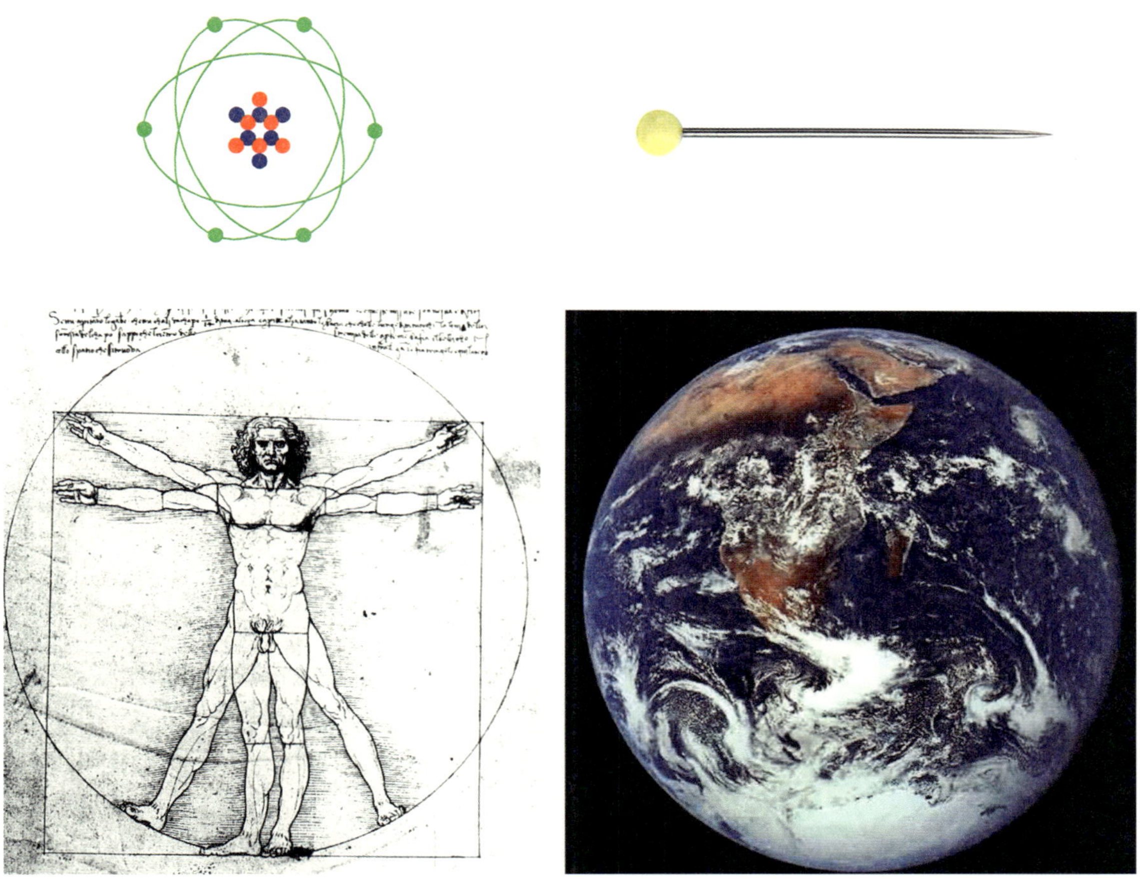

Abbildung 7. Größe eines Atoms. Atome haben Durchmesser zwischen 0.1 und 0.3 Nanometern. Die Größe eines Atoms verhält sich zu der eines Menschen wie die Größe eines Stecknadelkopfes zu der der Erde.

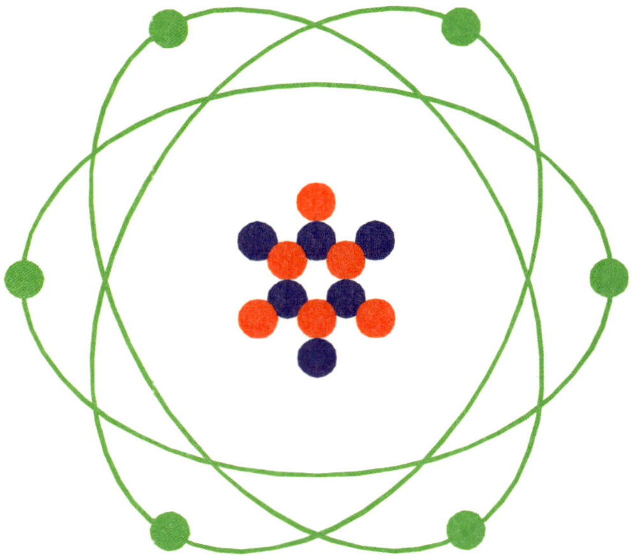

Abbildung 8. Schematische Skizze eines Kohlenstoffatoms. Das Atom besteht aus dem Kern mit 12 Nukleonen: 6 positiv geladenen Protonen (rot) und 6 elektrisch neutralen Neutronen (blau). Der Kern ist hier stark vergrößert gezeichnet. Sein Durchmesser beträgt nur etwa 1/100000 des gesamten Atomdurchmessers. Die Elektronenhülle besteht aus 6 Elektronen (grün), die sich um den Kern bewegen und für die chemischen Eigenschaften des Atoms verantwortlich sind.

tiplen Proportionen auf und lieferte damit starke Argumente für die Richtigkeit der bisher nur spekulativ postulierten Atomhypothese. Weitere Hinweise auf die Richtigkeit der Atomhypothese ergaben sich durch die statistische Thermodynamik, zum Beispiel durch die Arbeiten des österreichischen Physikers und Philosophen Ludwig Eduard Boltzmann (1844–1906).

Die erste experimentelle Abbildung einzelner Atome gelang durch das Feldionenmikroskop von Erwin Müller. Allerdings waren seine Anwendungen begrenzt, weil man damit lediglich die Atome auf einer scharfen Metallspitze beobachten konnte.

Die Atomhypothese ist ein faszinierender Gedanke, der sogar den Dalai Lama fesselt und ihn zum Schreiben seines Buchs *„Die Welt in einem einzigen Atom“* [22] inspiriert hat. Aufgrund ihrer Winzigkeit sind Atome schwer zu sehen. Bild 7 liefert einen Größenvergleich zwischen einem Atom und einem Menschen.

Das kleinste und leichteste Atom ist das chemische Element Wasserstoff, bestehend aus einem elektrisch positiv geladenen Proton und einem negativ geladenen Elektron. Das in Bild 8 schematisch dargestellte Kohlenstoffatom besteht aus 6 Protonen, 6 Neutronen und 6 Elektronen.

Die Masse des Atoms konzentriert sich annähernd vollständig auf den Atomkern. Protonen und Neutronen sind etwa gleich schwer, die Masse des Elektrons ist aber nur etwa 1/2000 mal so groß wie die eines Protons.

Die Kräfte zwischen den geladenen Teilchen der Protonen und Elektronen sind ebenso wie die Schwerkraft umgekehrt proportional zum Quadrat ihres Abstandes, aber $4 \cdot 10^{42}$ mal so groß. Im Gegensatz zur Schwerkraft, die immer anziehend ist, sind diese elektrischen Kräfte aber abstoßend für gleichnamige Ladungen und anziehend für entgegengesetzte Ladungen. Aufgrund der gewaltigen elektrischen Kräfte gleichen sich die Ladungen meist aus. Atome liegen normalerweise elektrisch neutral vor, haben also genau so viele Elektronen wie Protonen.

Im Atomkern stoßen sich die Protonen demzufolge mit einer gewaltigen Kraft ab. Man kann sich die Neutronen als Kitt vorstellen, welche die Protonen zusammenhalten. Leichte Elemente, wie zum Beispiel das in Bild 8 gezeigte Element Kohlenstoff, haben häufig gleich viele Protonen und Neutronen, während schwerere Elemente zunehmend mehr Neutronen als Protonen aufweisen.

Das chemische Element bestimmt sich nach der Zahl der Protonen. Das Element Kohlenstoff mit der Bezeichnung $^{12}_{6}C$ hat also 6 Protonen, 6 Neutronen und eine Atommasse von 12 atomaren Masseneinheiten (Protonen und Neutronen sind annähernd gleich schwer). In der Natur liegt aber auch das radioaktive Isotop (von altgriechisch *isos* „gleich“ und *topos* „Ort, Stelle“ – an gleicher Stelle im Periodensystem der Elemente) $^{14}_{6}C$ vor.

Während das stabile Isotop $^{12}_{6}C$ sehr alt ist, entstanden einige hundert Millionen Jahre nach der Entstehung des Universums vor 13.8 Milliarden Jahren, zerfällt das Isotop $^{14}_{6}C$ mit einer Halbwertszeit von etwa 5700 Jahren in Stickstoff $^{14}_{7}N$ unter Aussendung eines Elektrons und eines Elektron-Antineutrinos, was in der Archäologie zur Altersbestimmung organischer Funde genutzt wird. Wann ein einzelnes $^{14}_{6}C$ Atom zerfällt, unterliegt dem Zufall und lässt sich nicht vorhersagen. Wenn man heute eine Milliarde $^{14}_{6}C$ Atome vorliegen hat, werden aber in 5700 Jahren beinahe exakt 500 Millionen davon zerfallen sein, deshalb der Begriff Halbwertszeit.

A. Rasterkraftmikroskopie – Atomic Force Microscopy (AFM)

Unter einem Mikroskop versteht man üblicherweise ein optisches Instrument, bestehend aus einem Okular, einem Objektiv, einem Tubus sowie einer Halte- und Justiervorrichtung. Sein Name kommt aus den griechischen Wortbestandteilen *mikros* „klein“ und *skopein* „betrachten“.

Das Rasterkraftmikroskop hat wie sein Vorgänger, das Rastertunnelmikroskop, weder ein Okular noch ein Objektiv. Letzteres basiert auf dem Abrastern einer elektrisch leitfähigen Oberfläche mit einer scharfen, leitfähigen Spitze. Legt man zwischen Spitze und Probe eine Spannung an, so lässt sich bei einem Abstand von etwas unter einem Nanometer (ein Milliardstel Meter) ein quantenmechanischer Tunnelstrom nachweisen, der zum Abtasten der Oberfläche genutzt werden kann (siehe Bild 9 A).

Die Bezeichnung „Tunnelstrom“ kommt von der Erklärung dieses Stroms aus dem quantenmechanischen Tunneleffekt. Klassisch könnte nämlich nur dann Strom fließen, wenn sich Spitze und Probe berühren, weil im Falle eines Abstandes ein Potentialwall existiert, den die Elektronen nicht überwinden können. Wenn dieser Wall dünn genug ist, also zum Beispiel einen halben Nanometer, dann erlaubt der Tunneleffekt ein Überwinden der Barriere. Die Anzahl an Elektronen, die pro Zeit durch die Barriere fließen, hängt exponentiell vom Abstand ab. Der Strom vergrößert sich auf das Zehnfache, wenn der Abstand um einen Zehntel Nanometer kleiner wird. Der Durchmesser eines Metallatoms beträgt etwa einen Viertelnanometer. Steht also nur ein Atom an der Spitze um 40 Prozent eines Atomdurchmessers weiter heraus als alle anderen, so fließt durch dieses der zehnfache Strom. Die starke Lokalisierung des Stroms erklärt somit die atomare Auflösung. Die starke Abhängigkeit des Stroms vom Abstand und der monotone Anstieg mit abfallendem Abstand erleichtert die Steuerung des Tunnelmikroskops entscheidend. So konnten Binnig, Rohrer, Gerber und Weibel schon 1983 atomare Auflösung auf Silizium mit dem Tunnelmikroskop nachweisen [14].

Beim Rasterkraftmikroskop sieht die Sache bei erster Betrachtung einfacher aus – schließlich stoßen sich Atome ab, wenn man sie aufeinanderdrückt. So könnte man die in Bild 9 B gezeigte Balkenfeder einfach auf eine Oberfläche drücken und dann die Oberfläche Zeile für Zeile abtasten, wie das bei der Blindenschrift in weit größerem Maßstab geschieht. Es dauerte aber fast zehn Jahre nach der Vorstellung des Rasterkraftmikroskops, bis die Silizium-

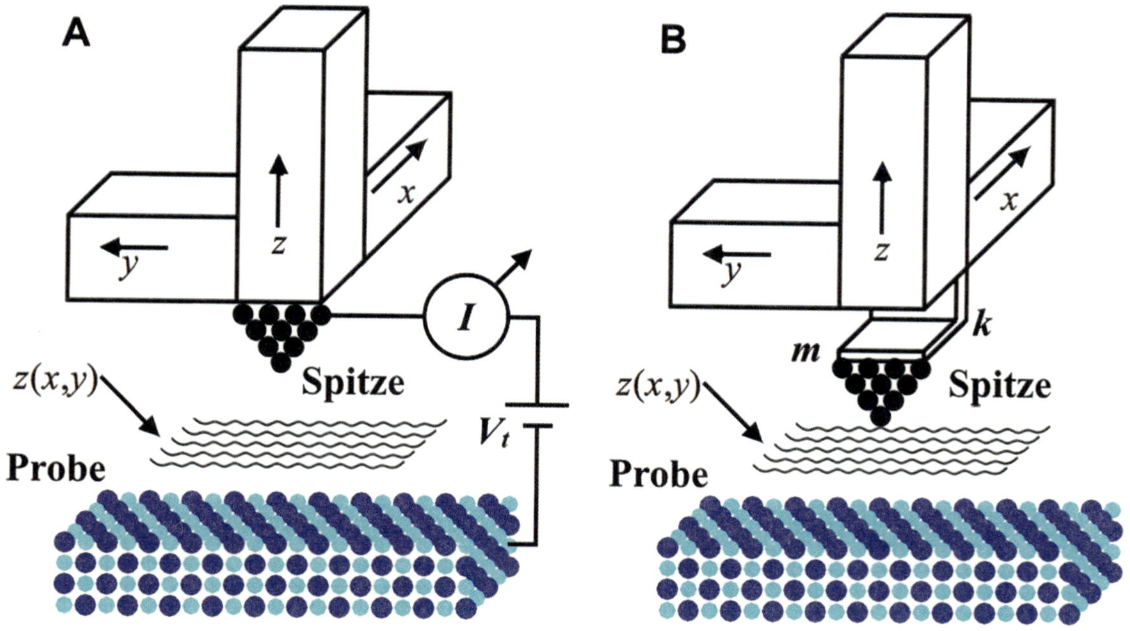

Abbildung 9. A) Rastertunnelmikroskop: Eine scharfe Spitze ist auf einem piezoelektrischen Dreibein montiert, was eine atomgenaue Positionierung und Rasterung erlaubt. Zwischen Spitze und Probe wird eine elektrische Spannung V_t angelegt, die zu einem kleinen elektrischen Tunnelstrom I_t zwischen dem Frontatom der Spitze und dem ihr nächsten Probenatom führt, wenn der Abstand klein genug ist. B) Rasterkraftmikroskop: Die Spitze ist hier auf einen Federbalken montiert. Kräfte zwischen Spitze und Probe führen bei der quasistatischen Kraftmikroskopie zu einer Verbiegung der Blattfeder, welche die Federkonstante k und die Masse m aufweist. Bei der präziseren Frequenzmodulations-Kraftmikroskopie schwingt der Federbalken bei seiner Resonanzfrequenz $f_0 = \sqrt{k/m}/2\pi$. Wird der schwingende Balken an die Oberfläche angenähert, so ändert sich die Frequenz durch den Einfluss der Kräfte. Das Bild $z(x, y)$ entsteht bei beiden Mikroskoptypen durch die zeilenweise Rasterung der Spitze über die Probe.

oberfläche atomar aufgelöst werden konnte [17]. Die Gründe dafür liegen in der schwierigen physikalischen Natur der chemischen Bindungskräfte. Der Tunnelstrom nimmt im Rastertunnelmikroskop mit kleiner werdendem Abstand monoton zu, die Kraft zeigt diese Monotonie nicht. Die Diskussion dieser besonderen Schwierigkeiten bei der atomar aufgelösten Kraftmikroskopie geht über den Rahmen dieses Buchs hinaus, Details findet man zum Beispiel in [23, 24].

Die Bahnen, welche die Spitzen dieser Rastersondenmikroskope über den Oberflächen durchlaufen, werden schließlich im Computer zu einem Bild zusammengefügt. Diese Bilder kommen nicht durch einen optischen Abbildungsprozess zustande – optische Mikroskope verwenden Licht als Abtastmedium und weisen lediglich ein Auflösungsvermögen von etwa tausend Atomdurchmessern auf. Deshalb halten einige Autoren die Bezeichnung dieser nanotechnologischen Abbildungen als Bild für falsch.

Aus meiner Sicht sind die von den Rastersondenmikroskopen erzeugten Abbildungen durchaus Bilder. Die Pioniere der Rastersondenmikroskopie haben ihre Instrumente selbst gebaut, die elektronischen Schaltungen zur Steuerung der Abtastspitze selbst zusammengelötet, die Messköpfe eigenhändig zusammengeklebt. Die Funktion dieser Instrumente war uns weit vertrauter als das Verständnis des menschlichen Sehens. Diese selbst gebauten und in ihrer Funktion profund verstandenen Instrumente erachteten wir als eine Erweiterung unserer menschlichen Sinne. Als es mir im Sommer 1994 erstmals gelang, die Siliziumoberfläche atomar mit dem Rasterkraftmikroskop aufzulösen, war der erste Hinweis auf die erfolgreiche Observation einzelner Atome ein akustischer. Während des Abrasterns der Oberfläche lauschte ich im Kopfhörer dem Klang der im Rasterschema geführten Abtastspitze. Gleichzeitig stellte ich an einem Stellrad den Abstand der Spitze zur Oberfläche ein und hörte zunächst ein „Wusch-Wusch“ im Takt der Rastergeschwindigkeit von einigen Linien pro Sekunde, ähnlich dem Geräusch eines Scheibenwischers. Bei vorsichtigem weiteren Annähern konnte man allmählich durch das Rauschen hindurch ein leises Bimmeln ähnlich einer Fahrradklingel wahrnehmen. Dieses Klingeln wurde durch die einzelnen Atome hervorgerufen, die sich dann auch auf dem Computerbildschirm als winzige Hügel abzeichneten.

Später haben wir gelernt, die Kraft zu messen, die man braucht, um ein einzelnes Atom auf einer Oberfläche zu verschieben und nach Wunsch anzuordnen. Deshalb erscheinen uns die Atome auf den mit unseren Mikroskopen untersuchten Oberflächen so real wie Äpfel auf einem Tisch vor uns. Die Fähigkeit, diese Atome auch beliebig anzuordnen und die dafür nötigen Kräfte zu messen, lässt uns das Bild auf dem Computerschirm als genauso real erscheinen wie ein Bild, welches direkt durch das Auge ins Bewusstsein dringt.

Überraschenderweise entsprachen die Oberflächenatome nicht den bis dato beobachteten verwaschenen Kugeln, sondern jedes der zwölf Oberflächenatome innerhalb einer Raute erschien in zwei Höcker aufgespalten. Diese Doppelhöcker wurden als innere Strukturen des abbildenden Atoms identifiziert (siehe Bild 10).

Die Erklärung des ungewöhnlichen wiederholten Bildes der subatomar aufgelösten Spitze liefert Bild 11. Das vorderste Atom der Abtastspitze weist zwei sichelförmige Ladungswolken auf, welche die merkwürdige Erscheinung der Oberflächenatome erklären.

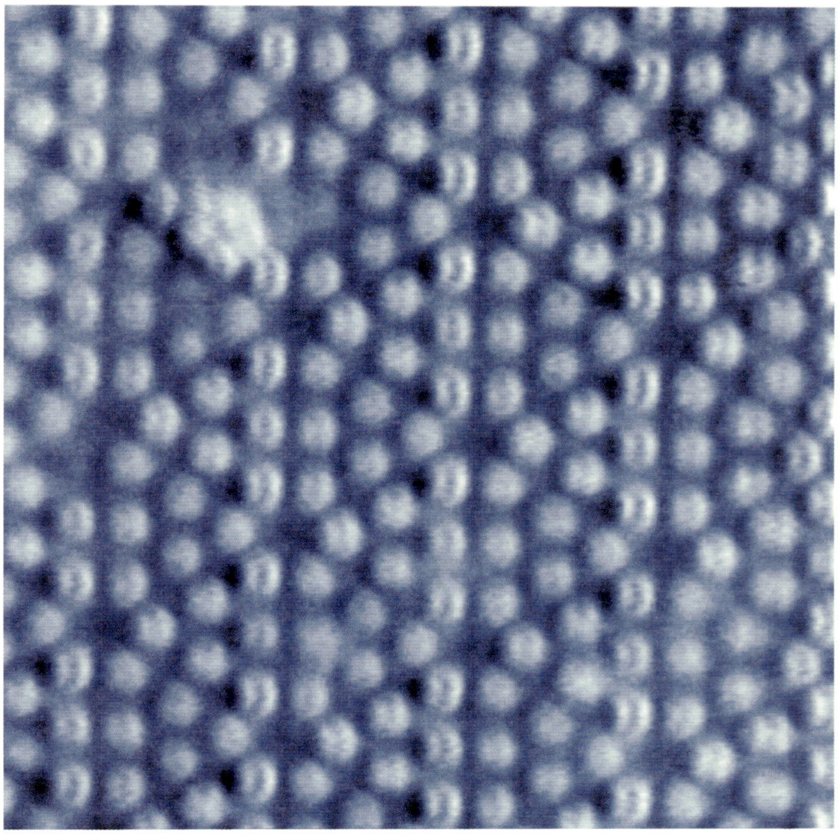

Abbildung 10. Die Siliziumoberfläche abgebildet mit dem auf der Quarzstimmgabel basierenden „qPlus“ Kraftsensor. Die Oberflächenatome erscheinen in zwei Hälften gespalten – die Erklärung dafür liefert Bild 11.

Hier sollte vielleicht der Begriff „Ladungswolke“ erläutert werden. Nach allem, was wir wissen, sind Elektronen mindestens hunderttausendmal kleiner als die bereits sehr kleinen Atome. Aufgrund des Charakters der Quantenphysik kann man den Ort von Elektronen nicht exakt angeben. Sie umschwirren den Atomkern wie ein Bienenschwarm das Bienenhaus. Die hellen Wolken in Bild 11E sind also die Stellen, an denen sich die Elektronen besonders gerne aufhalten. Nachdem Elektronen elektrisch geladen sind, bezeichnet man diese Stellen im Bild etwas ungenau auch als Ladungswolken.

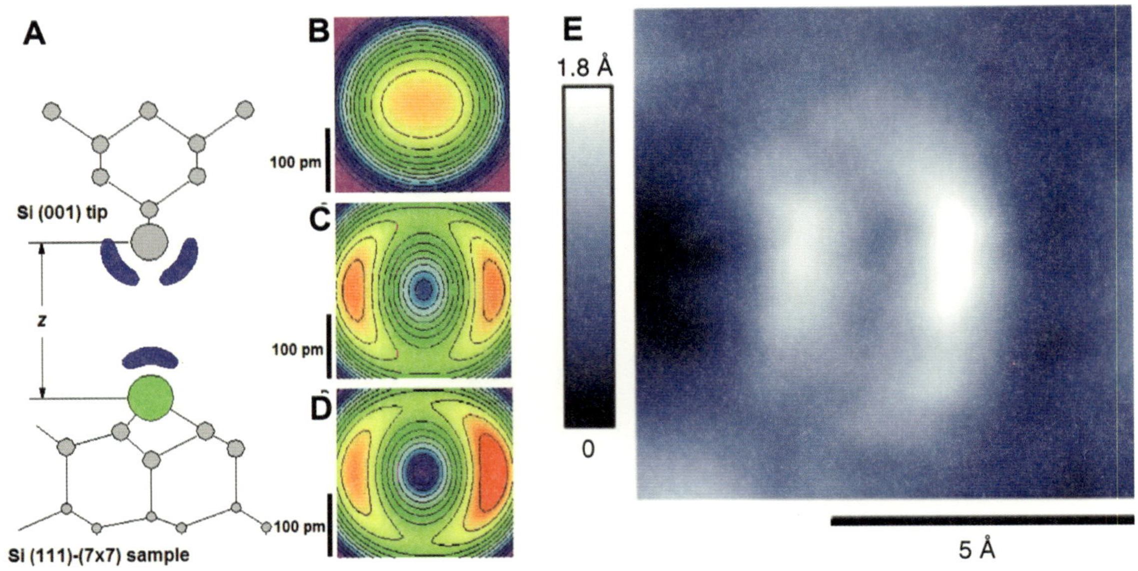

Abbildung 11. Erklärung der subatomaren Auflösung der Siliziumatome. (A) Schematische Darstellung von Spitze und Probe: Das Frontatom der Spitze zeigt mit zwei Ladungskeulen zur Probe. Die obersten Atome der Probe weisen jeweils nur eine Ladungskeule auf, die nach oben zeigt. Berechnete Bilder für ferneren (B), näheren Abstand (C) und leicht seitlich gekippte Spitze (D). (E) Experimentelles Bild. Dies wurde auch im FAZ-Artikel verwendet.

B. Was fesselte Gerhard Richter am Zeitungsartikel über das Atom?

Erstaunen, Verwunderung und Freude waren die Gefühle, als ich von Richters Kunstwerk „Erster Blick“ erfuhr. Warum wählte er diese Vorlage? Auf diese Frage habe ich auch zwanzig Jahre danach noch keine direkte Antwort gefunden.

Die laienhafte Erwartung zu „Erster Blick in das Innere eines Atoms“, dem Titel des Artikels in der *Frankfurter Allgemeinen Zeitung*, wäre vielleicht die Beobachtung der elliptischen Bahnen, die oft bei symbolischen Repräsentationen von Atomen verwendet werden. Tatsächlich verbietet die von Werner Heisenberg 1929 formulierte Unschärferelation

$$\Delta x \times \Delta p \geq \hbar/2 \tag{1}$$

eine exakte Bestimmung der Bahn von Elektronen. Dabei bedeutet Δx die Ortsunschärfe, Δp die Impulsunschärfe (der Impuls ist das Produkt aus der Masse und der Geschwindigkeit eines Teilchens) und $\hbar = 1.05 \times 10^{-34}$ Js die Plancksche Konstante. Aufgrund der Kleinheit der Planckschen Konstante bemerkt man diese Unschärfe in alltäglichen Beobachtungen nicht.

In seinem Buch *„Der Teil und das Ganze“* [25] diskutiert Werner Heisenberg den zunächst ungewohnten Übergang von der perfekt bestimmten klassischen Physik zur Kopenhagener Deutung der Quantenmechanik und die unschärfer werdende sprachliche Beschreibung der Physik. Allerdings könne am Ende auch mit einer für die obskuren Erscheinungen der Quantenmechanik ungeeigneten Sprache doch eine treffende Beschreibung der Wirklichkeit erreicht

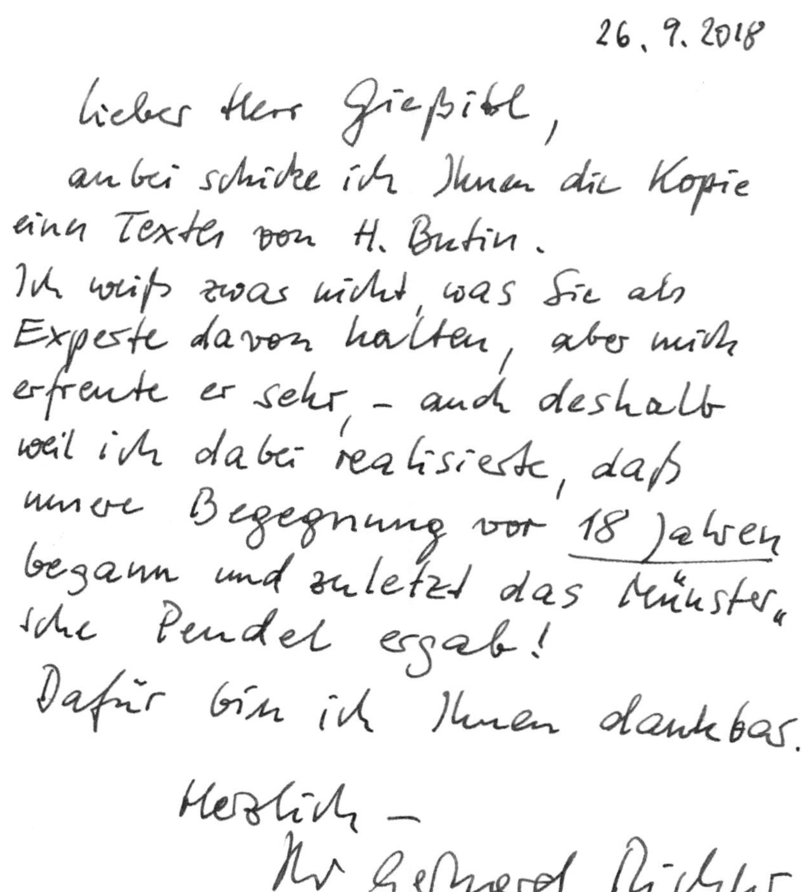

26. 9. 2018

Lieber Herr Gießibl,
anbei schicke ich Ihnen die Kopie eines Textes von H. Butin.
Ich weiß zwar nicht, was Sie als Experte davon halten, aber mich erfreute er sehr, – auch deshalb weil ich dabei realisierte, daß unsere Begegnung vor 18 Jahren begann und zuletzt das Münster'sche Pendel ergab!
Dafür bin ich Ihnen dankbar.
Herzlich –
Ihr Gerhard Richter.

Abbildung 12. Begleitbrief von Gerhard Richter vom 26.9.2018 zur Zusendung eines Buchkapitels von Hubertus Butin über „Erster Blick“ [26].

werden. Auf Seite 190 von [25] beschreibt Heisenberg einen Ausflug mit Niels Bohr, Carl Friedrich von Weizsäcker, Felix Bloch (allesamt zentrale Schöpfer der Quantenmechanik) und Bohrs Sohn Christian zu einer Berghütte bei Bayrischzell. Auf der einfachen Hütte gab es natürlich kein fließendes heißes Wasser und so lässt Heisenberg Niels Bohr mit der Aussage zu Wort kommen: „Mit dem Geschirrwaschen ist es doch wie mit der Sprache. Wir haben schmutziges Spülwasser und schmutzige Küchentücher, und doch gelingt es, damit die Teller und Gläser schließlich sauberzumachen. So haben wir in der Sprache unklare Begriffe und eine in ihrem Anwendungsbereich in unbekannter Weise eingeschränkte Logik, und doch gelingt es, damit Klarheit in unser Verständnis der Natur zu bringen."

Aufgrund der geringen Masse des Elektrons ($m_e = 9.11 \times 10^{-31}$kg) und der Winzigkeit von Atomen (Durchmesser eines Metallatoms ist etwa $D_{Atom} \approx 2.5 \times 10^{-10}$ m) spielt die Unschärferelation auf atomaren Dimensionen eine wichtige Rolle.

Ein Zitat von Richter liefert zumindest einen Hinweis darauf, warum ihn dieses verwaschene Bild von Elektronenwolken interessiert haben könnte (Seite 60 in [27]): „Ich kann über Wirklichkeit nichts Deutlicheres sagen als mein Verhältnis zur Wirklichkeit, und das hat dann etwas zu tun mit Unschärfe, Unsicherheit, Flüchtigkeit, Teilweisigkeit oder was immer. Ein weiterer Hinweis findet sich auf Seite 539 in [27], wo Richter sagt: Ich war fasziniert von dem Motiv, weil die Abbildungstechnik in den Mikroskopen zwar soweit ist, dass man wirklich das Atom sehen kann, aber man kann es nie scharf sehen. Und das liegt mir sehr, denn damit ist eine Grenze gegeben."

Entsprechend zeigt sich in vielen von Richters Bildern eine absichtlich erzeugte Unschärfe, die das Wesen des abgebildeten Objekts möglicherweise deutlicher zeigt als eine photographisch scharfe Abbildung.

Obwohl Richters „Erster Blick" ein für sein Œvre in Größe und Aufwand bescheidenes Werk ist, hat es offenbar doch eine besondere Bedeutung. Im September 2018 erhielt ich einen Brief von Richter (Bild 12), in dem er mir ein Buchkapitel von Hubert Butin [26] übersandte. Darin diskutiert Butin den Einfluss dieses Bildes auf Richters folgende Atombilder. „Erster Blick" fand auch Eingang in einen Wissenschaftsroman (S. 221 in [28]).

V. Graphit

Seit „Erster Blick“ hielt ich Gerhard Richter über unsere Fortschritte bei der Abbildung der kleinsten Bausteine der Natur auf dem Laufenden. Auch wenn ihm vieles naturgemäß zu kompliziert sein musste, wollte ich ihn wenigstens visuell an unseren Fortschritten teilhaben lassen. Er revanchierte sich mit Einladungen zu Ausstellungseröffnungen, Ausstellungskatalogen und Büchern über abgeschlossene Projekte wie z. B. *„14 Panes of Glass for Toyoshima, dedicated to futility“* [29] oder *„Patterns“* [30], die Vorlage für die Kirchenfenster von Tholey, sein letztes großes Werk. Die Berichte über unsere aktuelle Forschung fand er zwar in der Regel interessant und manchmal auch faszinierend, aber meist entstand nichts Neues daraus.

Die Veröffentlichung *„Revealing the hidden atom in graphite by low-temperature atomic force microscopy“* [31] ist eine Ausnahme. In dieser Studie bildeten wir Graphit mit einem kombinierten Rastertunnel-und Rasterkraftmikroskop ab.

Im Graphit bilden die Kohlenstoffatome ein Honigwabenmuster aus zweidimensionalen Atomlagen. Diese Lagen sind so gestapelt, dass jeweils ein Atom in einem Hexagon (in Bild 13 weiß gezeichnet) über einem Atom in der darunterliegenden Schicht liegt, während das andere (in Bild 13 rot) direkt über dem Zentrum eines Hexagons in der Atomlage darunter zu liegen kommt. Das Rastertunnelmikroskop „sieht“ nur die roten Atome, während das Rasterkraftmikroskop auch die bis dahin unsichtbaren in Bild 13 weiß gezeichneten Atome abbildet. Gerhard Richter hat die in Bild 13 D abgebildeten Atomstrukturen invertiert, mit grauer Farbe überrakelt und den Offsetdruck „Graphit“ (2005) geschaffen (Bild 14). In seinem „Atlas“ finden sich weitere Spielarten von „Graphit“.

Graphit ist für Künstler bedeutend: Es ist das zentrale Material einer Bleistiftmine. Zudem ist es Basis für leichte und sehr zugfeste Materialien für Fahrräder, Automobile und Flugzeuge, es dient als Schmiermittel. Außerdem ist Kohlenstoff das zentrale chemische Element des Lebens, alle organischen Verbindungen haben ein Gerüst aus dem sehr leichten Element Kohlenstoff mit lediglich 6 Elektronen. Kohlenstoff kann eine Vielzahl verschiedener Bindungen eingehen: tetraederförmig in Diamant, planar in Graphit und in Benzol sowie vielen Erdölkomponenten und verwandten Kohlenwasserstoffen. Im für die Klimaerwärmung verantwortlichen Kohlenstoffdioxid ergibt sich eine

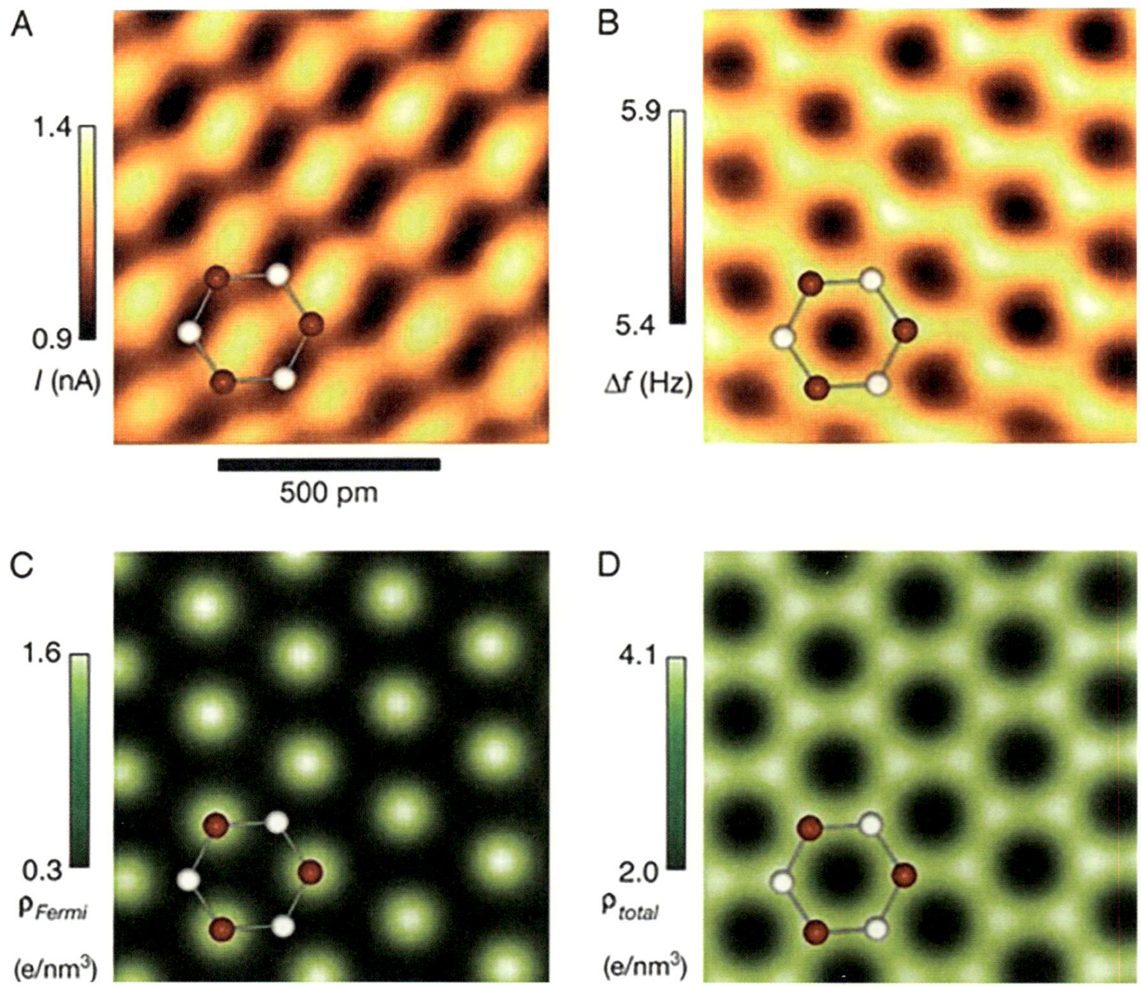

Abbildung 13. Hochorientiertes pyrolytisches Graphit, abgebildet mit dem Rastertunnelmikroskop (A), mit dem Rasterkraftmikroskop (B), berechnetes Bild für das Rastertunnelmikroskop (C) und berechnetes Bild für das Rasterkraft-mikroskop (D) [31].

lineare Bindung zwischen dem zentralen Kohlenstoffatom und den benachbarten Sauerstoffatomen.

Eine einzelne Atomlage Graphit nennt man Graphen – die Wissenschaftler Andre Geim und Konstantin Novoselov hatten in den ersten Jahren des dritten Jahrtausends herausgefunden, dass man einzelne Graphenlagen schaffen und daraus nützliche Dinge herstellen kann. Dafür wurden sie 2010 mit dem Nobelpreis in Physik ausgezeichnet.

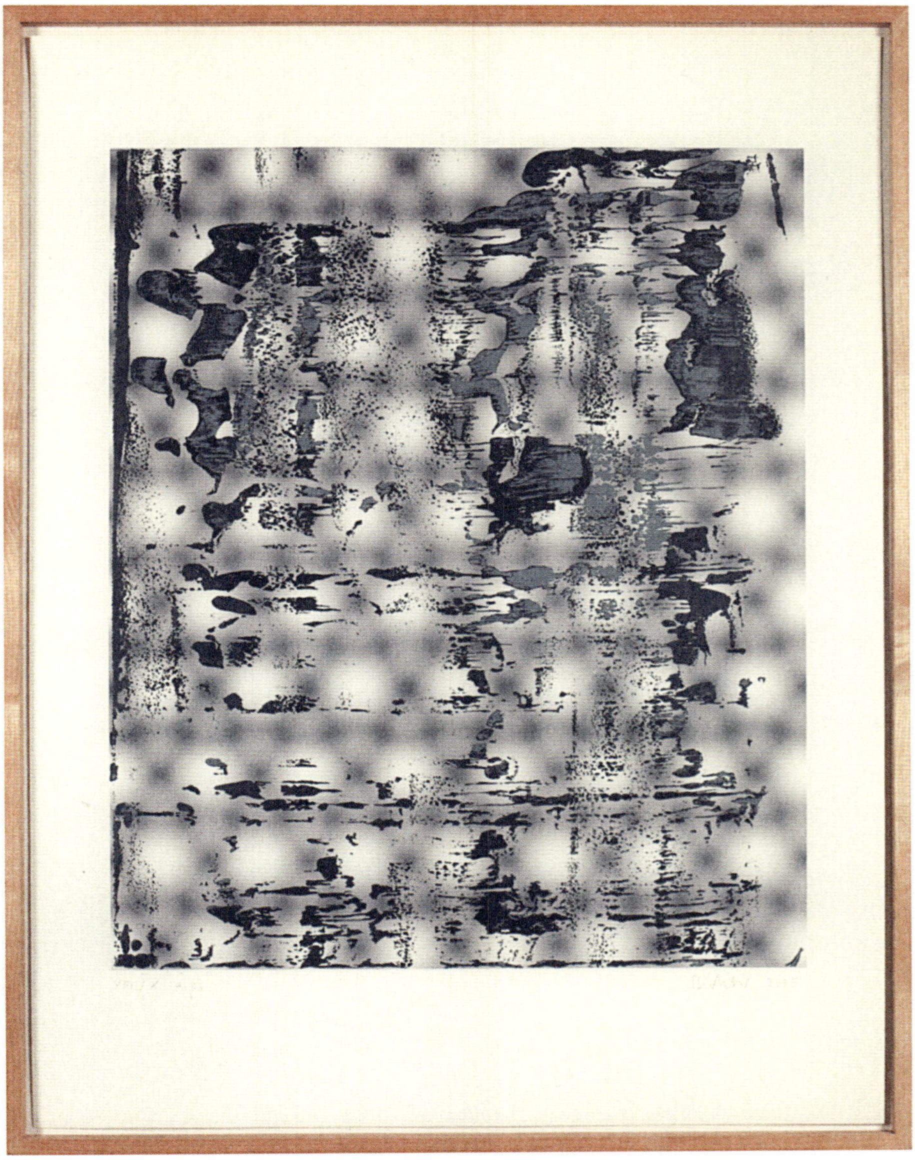

Abbildung 14. Gerhard Richter „Graphit“ (2005),
96 cm × 74.5 cm. Editions-WVZ: 129.
Serigraphie auf Duplex-Offsetdruck.

VI. Strontium

Um die Zeit der Entstehung von „Graphit“ besuchte ich Gerhard Richter in seinem Kölner Atelier im Hahnwald. Er beschäftigte sich zu dieser Zeit unter anderem mit einer Auftragsarbeit für das „de Young Museum“ in San Francisco, welches im Jahr 2005 vom Basler Architekturbüro Herzog & de Meuron neu aufgebaut wurde, nachdem das alte Gebäude durch das Loma-Prieta-Erdbeben 1989 zerstört worden war. Aufgabe war, für „Wilsey Court“, die Eingangshalle, ein großes Wandbild zu schaffen. „Strontium“ misst etwa 9.10 m × 9.45 m, es besteht aus 130 einzelnen Tafeln mit einer Größe von etwa 70 cm × 94.5 cm, liegend angeordnet in einer Höhe von 13 und einer Breite von 10 Tafeln.

Strontiumtitanat hat die chemische Formel $SrTiO_3$ und kristallisiert in der Perovskit-Struktur. Dort sitzt im Zentrum jeder würfelförmigen Elementarzelle das vierfach positiv geladene Strontiumatom, das zweifach positiv geladene Titanatom liegt an den acht Würfelecken und die zweifach negativ geladenen Sauerstoffatome sind an den sechs Flächenmitten positioniert. Das Material ist ein transparenter Isolator, hat einen ähnlich hohen Brechungsindex für Licht wie Diamant und dient deshalb als kostengünstigerer Ersatz für Diamant in Schmuck. Strontiumtitanat wird in der Wissenschaft gerne als Substrat für andere Oxide mit interessanten Eigenschaften, zum Beispiel für Hochtemperatur-Supraleiter, eingesetzt. Aufgrund seiner hohen Dielektrizitätszahl wird es auch als Isolator für Gatterelektroden von ultrakleinen Transistoren diskutiert.

Richter ist bekannt für seinen strengen Qualitätsanspruch. Nicht selten werden Werke zerstört oder übermalt, wenn sie nach einer mehrwöchigen Hängung und Kontrolle im Atelier nicht mehr bestehen. Beim Besuch im Hahnwald zeigte er mir eine 2 × 2-Anordnung dieser „Strontium“-Tafeln, probeweise aufgehängt im Treppenhaus seines Wohnhauses. „Strontium“ basiert wieder auf einem FAZ-Artikel („Atome in Reih und Glied“), welcher sich, wie bei „Erster Blick“, auf eine im Fachblatt *Science* erschienene Publikation [32] bezog.

Die von Richter gewählte Vorlage ist Fig. 1A von [32]. Sie zeigt eine transmissionselektronenmikroskopische Aufnahme von $SrTiO_3$ in der [110]-Kristallrichtung, bei der die großen hellen Punkte auf einer Überlagerung aus Strontium- und Sauerstoffionen beruhen. Die kleinen, linear angeordneten Punkte zeigen abwechselnd Titan- und Sauerstoffatome.

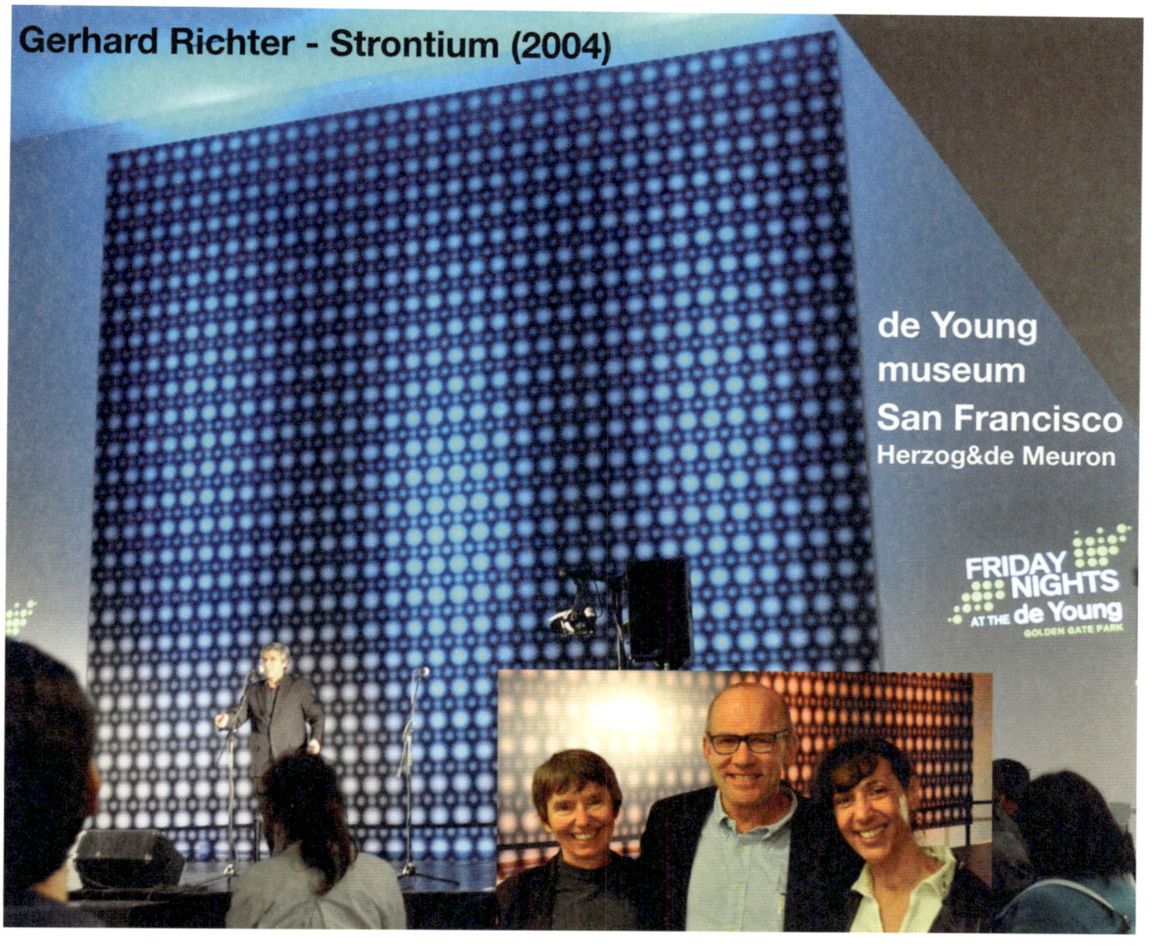

Abbildung 15. „Strontium" (2004) in der Eingangshalle des de Young Museums in San Francisco. Häufig bildete das Bild die Kulisse zur Freitagabendveranstaltung „Friday nights at the de Young". Das Bild zeigt den Autor bei einem Besuch am 29. November 2013 mit Freundinnen aus seiner früheren Zeit im Silicon Valley.

Das Silicon Valley und die nahegelegene Stadt San Francisco hatten für mich immer eine besonders große Bedeutung – immerhin wurde das Rasterkraftmikroskop dort zum ersten Mal realisiert, ganz abgesehen vom Transistor und den daraus abgeleiteten technischen Errungenschaften. Die Energie und Dynamik, die ich in fast dreijähriger Arbeitserfahrung dort spüren durfte, haben diesem Mekka der Hochtechnologie einen besonderen Platz in meinem Herzen eingeräumt. Dieses Erleben hatte mehrere Elemente. Da war zum einen die schöpferische Erfahrung, dort selbst ein kommerzielles Produkt entwickelt zu haben was in alle Welt exportiert wurde. Zum anderen war da eine ungeahnte Freiheit. Der beim Stanford Flying Club am Flugplatz von Palo Alto erworbene Pilotenschein ermöglichte es, die großartige Landschaft von der Pazifikküste über die Golden Gate Brücke zu den Bergen der Sierra Nevada von oben zu erkunden. Aufgrund des milden Klimas konnte man die in Richtung der Küste gelegenen Santa Cruz-Berge ganzjährig mit dem Rennrad und dem Motorrad befahren.

Dass an diesem Ort an so prominenter Stelle ein Kunstwerk von Richter hängt, freute mich sehr. Im Wilsey Court des de Young Museums wurden an den Freitagabenden *„Friday nights at the de Young programs“* gefeiert – „... after-hours art happenings that include a mix of live music, dance and theater performances, film screenings, panel discussions, lectures, artist demonstrations, hands-on art activities, and exhibition tours.“, also „Kunst-Happenings mit Musik, Tanz und Theater, Filmvorführungen, Podiumsdiskussionen, Vorträgen, Künstlervorführungen, Mitmach-Aktivitäten und Ausstellungsbesichtigungen“. „Strontium“ liefert dafür einen spannenden Hintergrund. Bild 15 zeigt ein Treffen mit zwei Freundinnen aus meiner kalifornischen Zeit an einem Freitagabend 2013 im „de Young“ in San Francisco.

Irgendwann im Jahr 2013 erinnerte ich mich an einen Besuch bei Richter viele Jahre zuvor, bei dem er mir in seinem Haus die Probedrucke von „Strontium“ gezeigt hatte. Konkreter Anlass war der Tod Heinrich Rohrers am 16. Mai 2013, der für meinen Doktorvater ein väterlicher Freund und Mentor war (Binnig: „For me, Heini was father figure, role model, emotional and spiritual teacher, and best friend–all rolled into one. An eminent person, with an incredible sense of humanity and kindness.“ [33]). Ich dachte, falls diese Drucke noch verfügbar wären, würde ich sie gerne kaufen, einen davon Gerd Binnig als Trost für Heinrich Rohrers Tod schenken und unseren beiden Söhnen jeweils einen als Inspiration geben, wenn sie alt genug sind, um ihn selbst aufzuhängen.

Ich rief Richter an und fragte ihn, ob diese Testdrucke zu erwerben seien. Dies verneinte er; sie hingen in einem Museum, aber er könne prüfen, ob sein Vertrag mit dem de Young Museum erlauben würde, noch weitere herstellen zu lassen. Zunächst lehnte ich dieses Angebot ab, weil ich keine großen Umstände machen wollte. Während eines langen Laufs die Donau entlang am nächsten Morgen ging mir aber „Strontium“ nicht mehr aus dem Sinn. Ich schrieb ihm eine kurze E-Mail mit der Frage, ob es nicht doch möglich wäre, weitere Exemplare zu erzeugen. Wenige Stunden später rief er zurück mit der Nachricht, er habe seinen Vertrag geprüft und dürfe noch vier Tafeln herstellen lassen, die er mir auch gerne signieren würde.

Schon wenige Wochen später konnte ich die von Mike Karstens in Alu-Dibond gefertigten Kunstwerke in Richters Atelier abholen (Bild 16). Eines davon ist um 90° gedreht und etwas uminterpretiert, in Bild 17 als abstraktes Kreuz gezeigt.

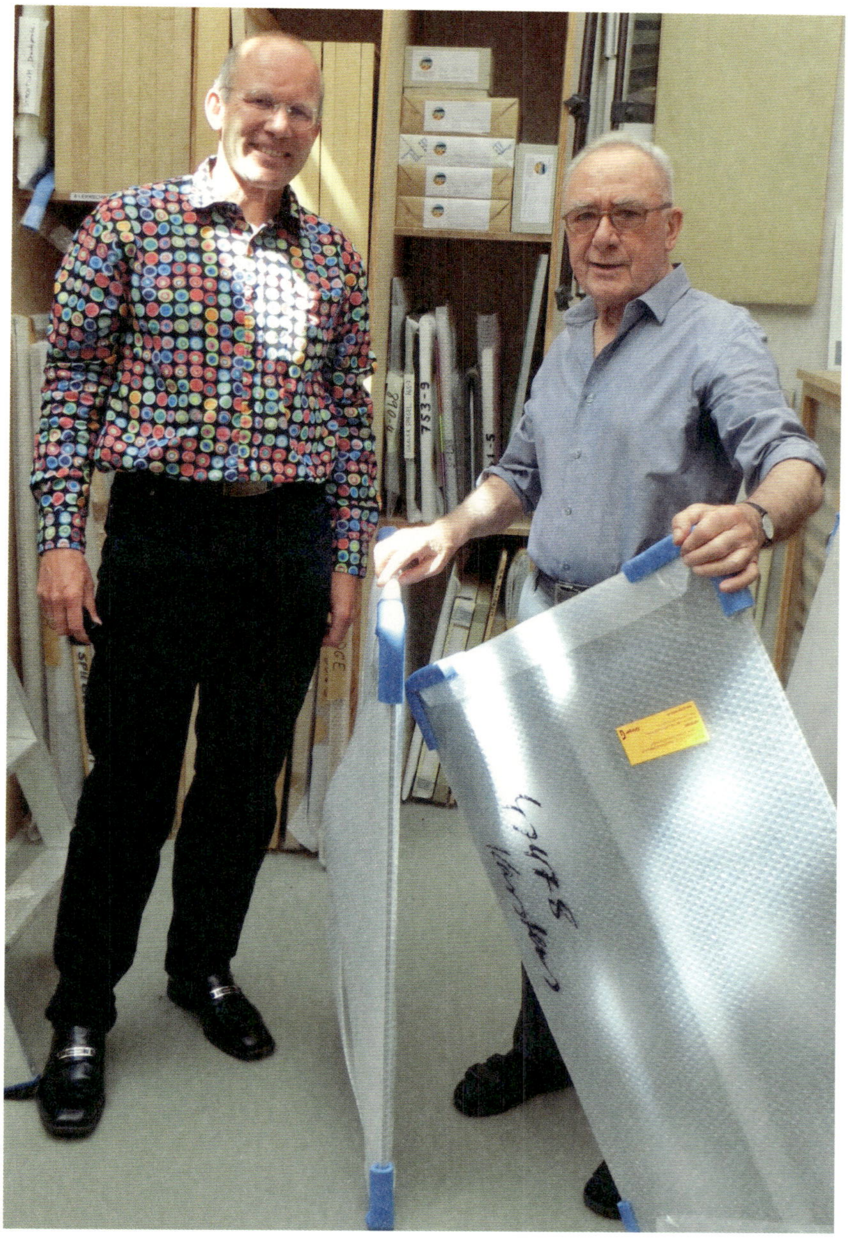

Abbildung 16. Abholung von vier signierten Tafeln von „Strontium“ (2004) in Richters Atelier (2.7.2013).

Neben „Erster Blick“, „Graphit“ und „Strontium“ schuf Gerhard Richter weitere Bilder mit atomaren Strukturen, die in grau gehaltene Ölbildserie „Silikat“ [34].

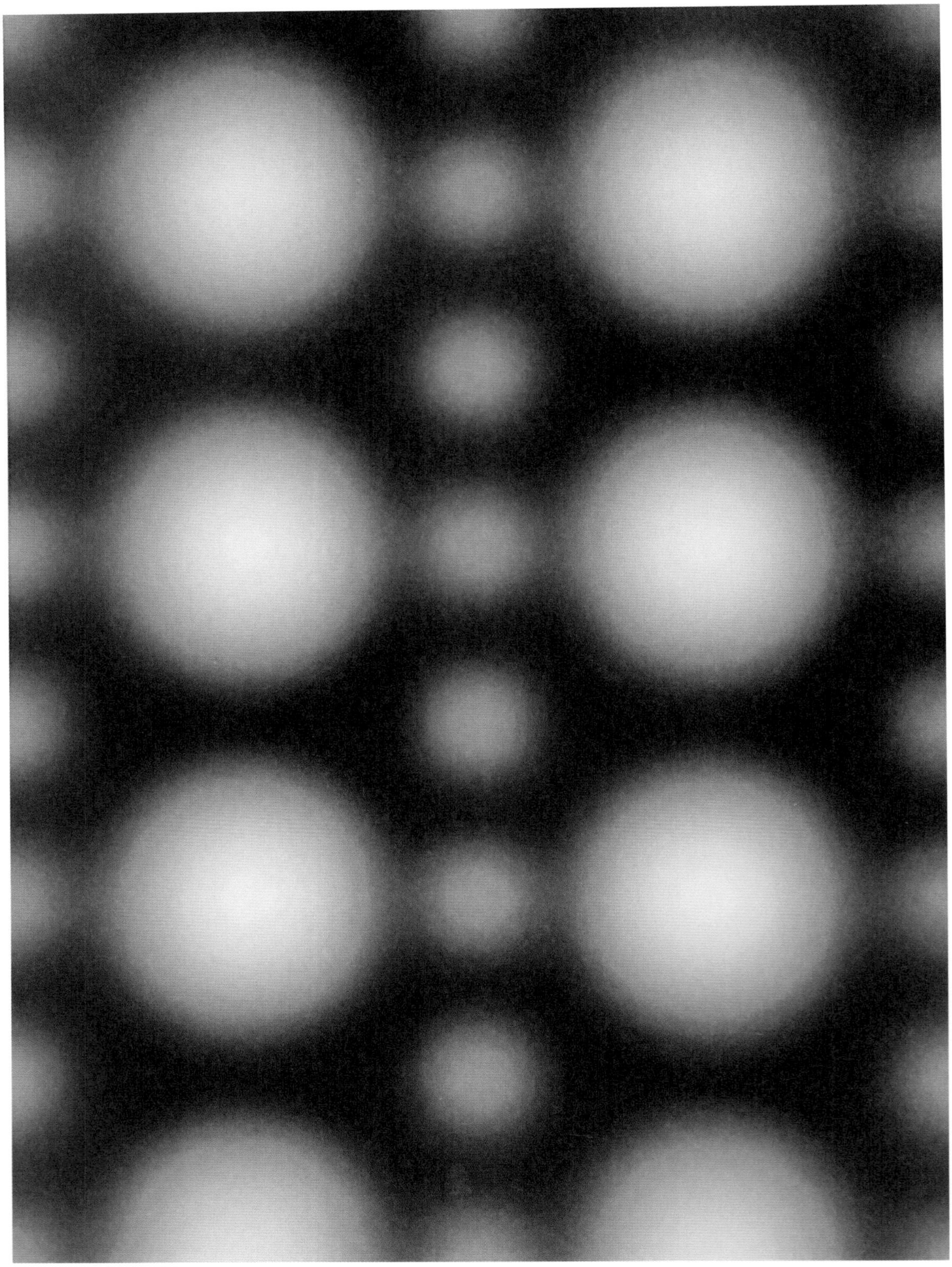

Abbildung 17. Eine Tafel von „Strontium“ (2004) um 90° gedreht.

VII. Wissen, Zweifel und Irrtum

Die Aufgabe der Wissenschaft ist es, geistiges und dingliches Neuland zu erforschen. Dies ist in Bild 18 dargestellt. Der Weg der Wissenschaft, durch Exploration einer Grauzone in neue Erkenntnisbereiche vorzudringen, ist notwendigerweise mit Fehlschlägen und Zweifeln verbunden.

Der Wissenschaftsphilosoph Karl Popper [35] hat diesen Erkenntnisprozess in folgendem Modell systematisiert:

1. Problem
2. Lösungsversuche („Theorien“)
3. Elimination der erfolglosen Lösungsversuche

Die Tragweite einer Hypothese hängt natürlich davon ab, wie weit sie über das bestehende Wissen hinausreicht. Dies soll in Bild 19 dargestellt werden. Eine These, die nur wenig über das Bekannte hinausgeht, wird zwar mit großer Sicherheit richtig sein, bringt aber nur wenig Fortschritt. Je größer die Entfernung vom Bekannten ist, umso größer ist das Risiko, eine falsche These aufzuwerfen. Es braucht also Mut zum Scheitern, wenn man große Sprünge machen will.

Das Fehlen eines linearen Zusammenhangs zwischen der Weite des Vordringens ins Unbekannte und der Qualität des Ergebnisses schlägt sich in der Divergenz von Zitaten berühmter Menschen nieder.

Albert Einstein soll geäußert haben: „Phantasie ist wichtiger als Wissen, denn Wissen ist begrenzt.“ Einstein plädiert also dazu, die Phantasie zu nutzen.

Helmut Schmidt, deutscher Bundeskanzler von 1974 bis 1982, argumentiert dagegen: „Wer Visionen hat, soll zum Arzt gehen.“ Schmidt ist damit entschieden vorsichtiger und scheint auf Phantasieren, Träumen, Spinnen wenig Wert zu legen.

Steve Jobs, Gründer von Apple und Pixar, wiederum sagte in einem Werbevideo für Apple (S. 329 in [36]): „Here’s to the crazy ones. The misfits. The rebels. The troublemakers. The round pegs in the square holes. The ones who see things differently. They are not fond of rules. And they have no respect for the status quo. You can quote them, disagree with them, glorify or vilify them, but the one thing you can't do is ignore them because they change things ... they push the human race forward, and while some see in them the crazy ones, we see genius, because the ones who are crazy enough to think that they can change the world, are the ones who do."

Frei übersetzt heißt das: „Dies ist für die Verrückten. Die nirgendwo hinein Passenden. Die Rebellen. Die Aufrührer. Die runden Bolzen in quadratischen Löchern. Die, welche die Dinge anders sehen. Sie mögen keine Regeln. Sie haben keinen Respekt für den Status quo. Du kannst sie zitieren, anderer Meinung sein, du kannst sie vergöttern oder verdammen, aber was du nicht kannst, ist sie zu ignorieren, weil sie die Dinge verändern ... sie treiben die Menschheit vorwärts, und wo manche in ihnen die Verrückten sehen, sehen wir in ihnen das Genie, weil die, die verrückt genug sind, um zu denken, die Welt verändern zu können, jene sind, die es tatsächlich tun."

Steve Jobs erachtet also das Brechen von Regeln als notwendigen Kollateralschaden beim Erreichen von signifikanten Fortschritten. Die Umkehrung gilt allerdings nicht. Das heißt, das Brechen von Regeln sichert nicht automatisch Fortschritt, sondern führt häufig zu Fehlschlägen. Regeln werden ja aus Erfahrungen abgeleitet, und das Kondensat dieser Erfahrungen als Regel zum Erreichen des gewünschten Ergebnisses enthält notwendigerweise auch Unschärfen. Wichtig ist also zu erkennen, welche Regeln die stärksten Unschärfen beinhalten und welche Grenzen sorgfältig ausgetestet werden sollten.

Den Weg vom Zentrum des Wissens in den Rand des Nichtwissens kann man auch als kreativen Prozess verstehen, der in Wissenschaft und Kunst vermutlich ähnlich abläuft. Der Abdruck der Nobelpreisrede von Binnig und Rohrer [8] zeigt neben vielen technischen Abbildungen in Bild 8 eine Plastik des Schweizer Bildhauers Ruedi Rempfler mit der Bemerkung, Kunst und Wissenschaft seien beide Produkte der menschlichen Kreativität, und die Schönheit der Natur werde von beiden widergespiegelt.

Wie in Abschnitt 3.3 betont, hatten manche Mitglieder der wissenschaftlichen Gemeinschaft Zweifel, ob wir im Jahr 2000 tatsächlich das subatomare Auflösungsvermögen der Rasterkraftmikroskopie deutlich gezeigt hatten. Deshalb waren wir auf der Suche nach immer neuen Beispielen, so etwa 2004 bei der subatomaren Auflösung einer Wolfram-Spitze in der Publikation [37].

Zwei Aspekte der Arbeiten von 2000 [4] und 2004 [37] ließen sich noch perfektionieren:

- Erstens wurden die subatomaren Elektronenstrukturen auf der Spitze von einem periodischen Gitter abgetastet. In der Arbeit von 2000 tasteten die ins Vakuum ragenden Ladungskeulen der Siliziumoberfläche die Ladungs-

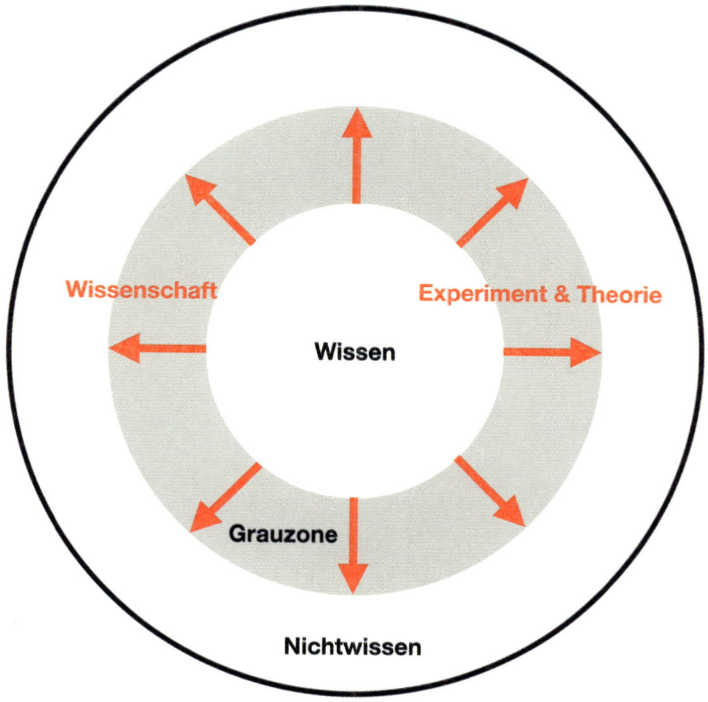

Abbildung 18. Der Weg der Wissenschaft vom Nichtwissen zum Wissen durch Exploration des Unbekannten in einer Grauzone ist notwendigerweise mit Zweifeln behaftet. Diese Zweifel gibt es natürlich auch in der Kunst.

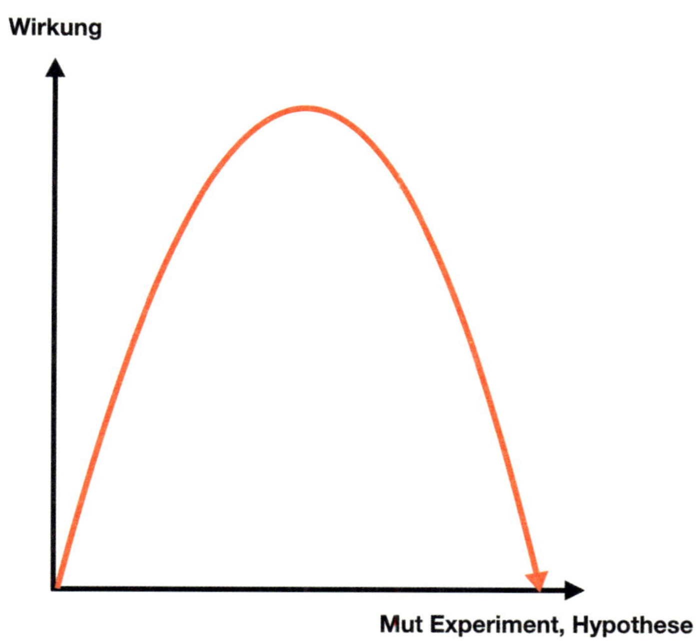

Abbildung 19. Modellhafte Beschreibung der Wirkung, Tragweite und des Einflusses eines Experiments oder einer Hypothese als Funktion ihrer Kühnheit und ihres Mutes.

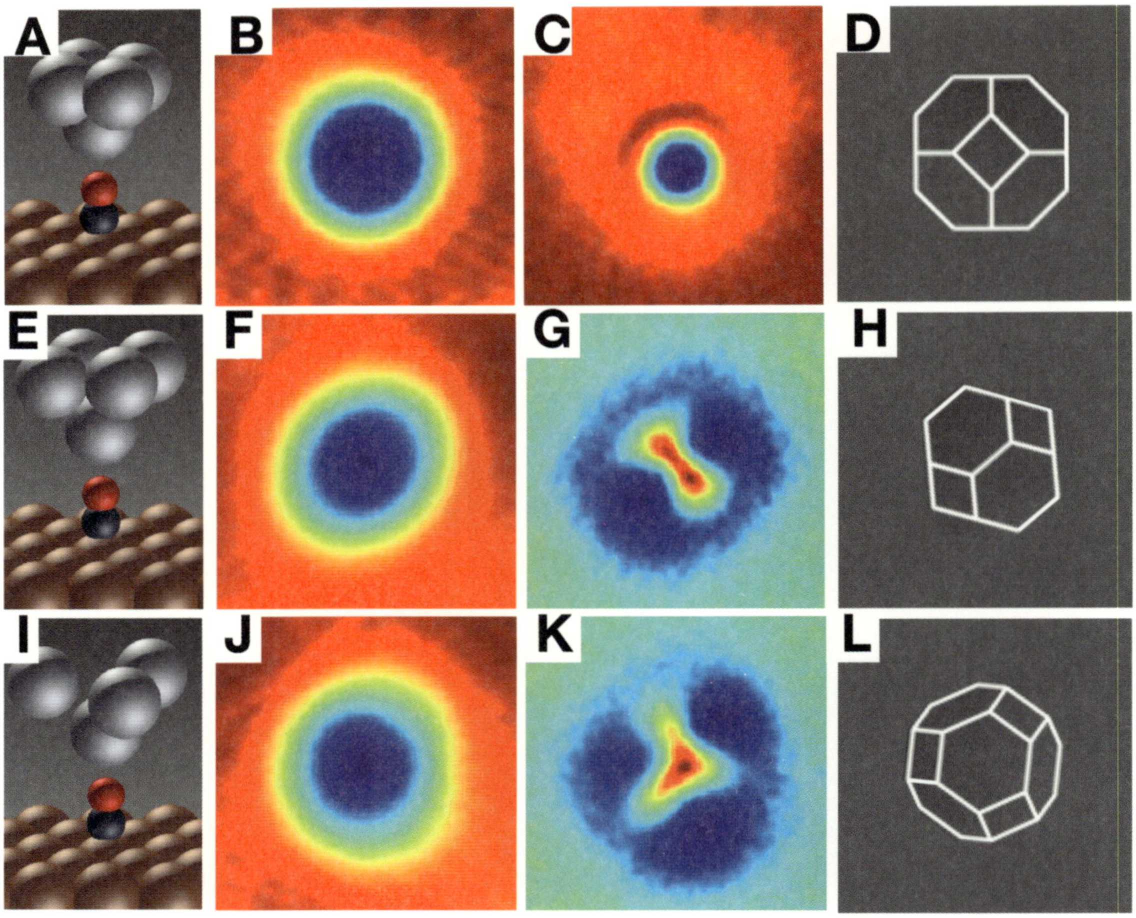

Abbildung 20. Illustration eines wissenschaftlichen Irrtums in der Interpretation experimenteller Messdaten [39]. Die Messspitze, von der nur die fünf bzw. vier vordersten Frontatome in grau in der linken Spalte (A, E, I) gezeigt sind, wird von einem Kohlenstoffmonoxidmolekül (schwarze und rote Kugeln) abgetastet, welches senkrecht auf einer Kupferoberfläche (braune Kugeln) gebunden ist. Die Bindung des vordersten Spitzenatoms ist für die drei Fälle verschieden: In A sitzt das Frontatom auf vier quadratisch angeordneten Atomen, in E auf vier rautenförmig angeordneten und in I auf drei im gleichseitigen Dreieck angeordneten Atomen. Die zweite Spalte zeigt die zugehörigen tunnelmikroskopischen Bilder B, F und J. Alle drei Resultate (B, F, J) zeigen eine ähnliche Größe und Form–deshalb dachten wir ursprünglich, in jedem der Beispiele läge eine monoatomare Metallspitze vor. Die kraftmikroskopischen Bilder in der dritten Spalte (C, G, K) zeigen wesentlich mehr Details, interpretiert als Effekt der Bindungsverhältnisse des vordersten Spitzenatoms zur Atomlage dahinter (A, E, I), deren Orientierung in D, H und L gezeigt ist.

wolken eines Siliziumatoms auf der Spitze des Mikroskops ab. Im Artikel von 2004 ertasteten die Oberflächenatome von Graphit, welches nach einer aktuellen Studie [38] möglicherweise auf Grund des Drucks der Abtastspitze lokal und zeitlich begrenzt zu Diamant umgewandelt wurde, die Ladungswolken eines Wolframatoms auf der Spitze.
- Zweitens wurde die Spitze von der Probe abgetastet, weil die Strukturen auf der Probe „schärfer“ waren als die der Spitze. Eigentlich wollen wir natürlich, dass die Spitze unseres Mikroskops die Probe abtastet, nicht umgekehrt.

Mit den Angeboten von Lehrstühlen für Experimentelle Physik an der Universität von Bristol in England und an der Universität Regensburg und der Übernahme des letzteren im Jahr 2006 erweiterten sich meine Forschungsmöglichkeiten. In der Zwischenzeit hatten mehrere Hersteller von hochpräzisen Tieftemperatur-Rasterkraftmikroskopen den qPlus-Sensor in ihre Geräte eingebaut, und so konnten wir in Regensburg schnell tiefergehende Studien verfolgen.

Die anfänglich bestehende Unkenntnis in der atomaren Struktur der Abtastspitze unserer Mikroskopie konnte unser Team im Jahr 2012 beheben [39], indem wir ein einzelnes Kohlenstoffmonoxidmolekül (CO) auf eine in (111)-Richtung orientierte Kupferoberfläche platzierten. Die (111)-Orientierung führt zu einer dicht mit den Kupferatomen gepackten Oberfläche. Das Kohlenstoffmonoxid-Molekül bindet mit dem Kohlenstoffatom mittig auf einem Kupferatom, sodass es senkrecht auf der Oberfläche steht und das Sauerstoffatom nach oben zeigt (siehe Bild 20 A). Das CO-Molekül ist damit eine perfekte Sonde, um damit die Abtastspitze des Mikroskops zu untersuchen.

Das Abtasten der Spitze mit dieser perfekten Sonde führte zu einem sehr überraschenden Ergebnis. In Bild 20 sind die Bilder dreier verschiedener Abtastspitzen gezeigt, angeordet in drei Reihen. Die vier Spalten beginnen in der linken Spalte mit einer schematischen Darstellung der von uns damals vermuteten Spitzenstruktur, folgen in der zweiten Spalte mit dem Tunnelmikroskopiebild, dem Rasterkraftmikroskopbild in der dritten und der mutmaßlichen Orientierung des Frontatoms in der vierten Spalte.

Die tunnelmikroskopischen Bilder der zweiten Spalte zeigten eine sehr ähnliche Größe und Form für alle drei Spitzen. Deshalb schlossen wir zunächst, dass alle drei Spitzen ein einzelnes Frontatom aufweisen. Die völlig verschiedene Abbildung der Kraftmikroskopie führten wir auf eine unterschiedliche kristallographische Orientierung der Spitze zurück – die rückwärtige Atomlage des Spitzenatoms bedingt die „Gestalt“ seiner Elektronenstruktur auf der Vorderseite. Danach sollte das Frontatom der Spitze in der obersten Reihe auf einer Atomlage von vier quadratisch angeordneten Atomen liegen, die mittlere Reihe auf vier rautenförmig orientierten Atomen und die unterste Reihe auf drei Atomen im gleichförmigen Dreieck. Die Hypothese zur Erklärung dieser Bilder lag in der Symmetrie der Atome im Wolfram-Kristallgitter, wo jedes Atom ein Volumen einnimmt, welches von sechs Quadraten und acht Sechsecken begrenzt ist wie in Bild 20 D, H und L gezeigt.

Später sollte sich herausstellen, dass wir uns geirrt hatten. Tatsächlich hatte die Spitze in der mittleren Reihe zwei Frontatome, während die Spitze in der unteren Reihe drei Frontatome aufwies.

Ich erzählte meinem Patenkind Franz Schwarz von der schönen Symmetrie der Wolframatome und der Rolle des qPlus-Sensors in der Aufklärung ihrer Struktur. Auf den Vorschlag meiner Frau hin, eine Skulptur für den Vorgarten zu schaffen, schenkte er mir zu einem runden Geburtstag die Stahlplastik „Wolfram" (siehe Bild 21). Der Korpus ist aus 3 mm dicken Stahlblechen geschweißt und zeigt die Wigner-Seitz-Elementarzelle von Wolfram. Die Gestalt dieser Elementarzelle entspricht der Form des Atoms im Kristall, wie sie in der rechten Spalte von Bild 20 dargestellt ist. Die Schwinge darunter symbolisiert die Quarzstimmgabel, auf der ja der qPlus-Sensor basiert.

Nach dem Aufstellen der Plastik erlebten wir eine Überraschung: Der Korpus ist luftdicht verschweißt und erfreut uns mit zufällig auftretenden Klangspielen. Wenn er von der Sonne morgens erwärmt wird, steigt der Innendruck und die hexagonalen Flächen schnappen nacheinander mit einem gong-ähnlichen Ton nach außen. Am Abend revidiert sich das Spiel und manchmal schnappt die letzte Membran erst nach Mitternacht mit einem leisen Ton zurück.

Die ursprüngliche Interpretation von Bild 20 hielt unseren eigenen nachfolgenden Untersuchungen nicht stand. Im Jahr 2015 publizierten wir eine Studie [40] bei der wir die 2009 von den IBM-Forschern Leo Gross, Gerhard Meyer und Kollegen [41] gefundene Methode der CO-terminierten Spitze verwendeten. Dabei wird zunächst eine einatomare Metallspitze erzeugt und diese dann mit einem CO-Molekül „dekoriert." Eine derartige Spitze kann ungeahnt scharfe Bilder erzeugen, weil Sauerstoff als Frontatom der Spitze nur etwa 40% des Durchmessers eines Metallatoms aufweist. Es stellte sich heraus, dass das Bild eines mit dieser CO Spitze abgebildeten einzelnen Eisenatoms auf Kupfer ähnlich aussah wie unser Spitzenbild 20C, während die Abbildung von zwei bzw. drei benachbarten Eisenatomen so aussieht wie die Spitzenbilder von Bild 20G und K.

Bild 22 zeigt nun die Richtigstellung – die CO terminierte Spitze ermöglicht die atomar aufgelöste Abbildung von Eisenclustern, wobei die Zahl der

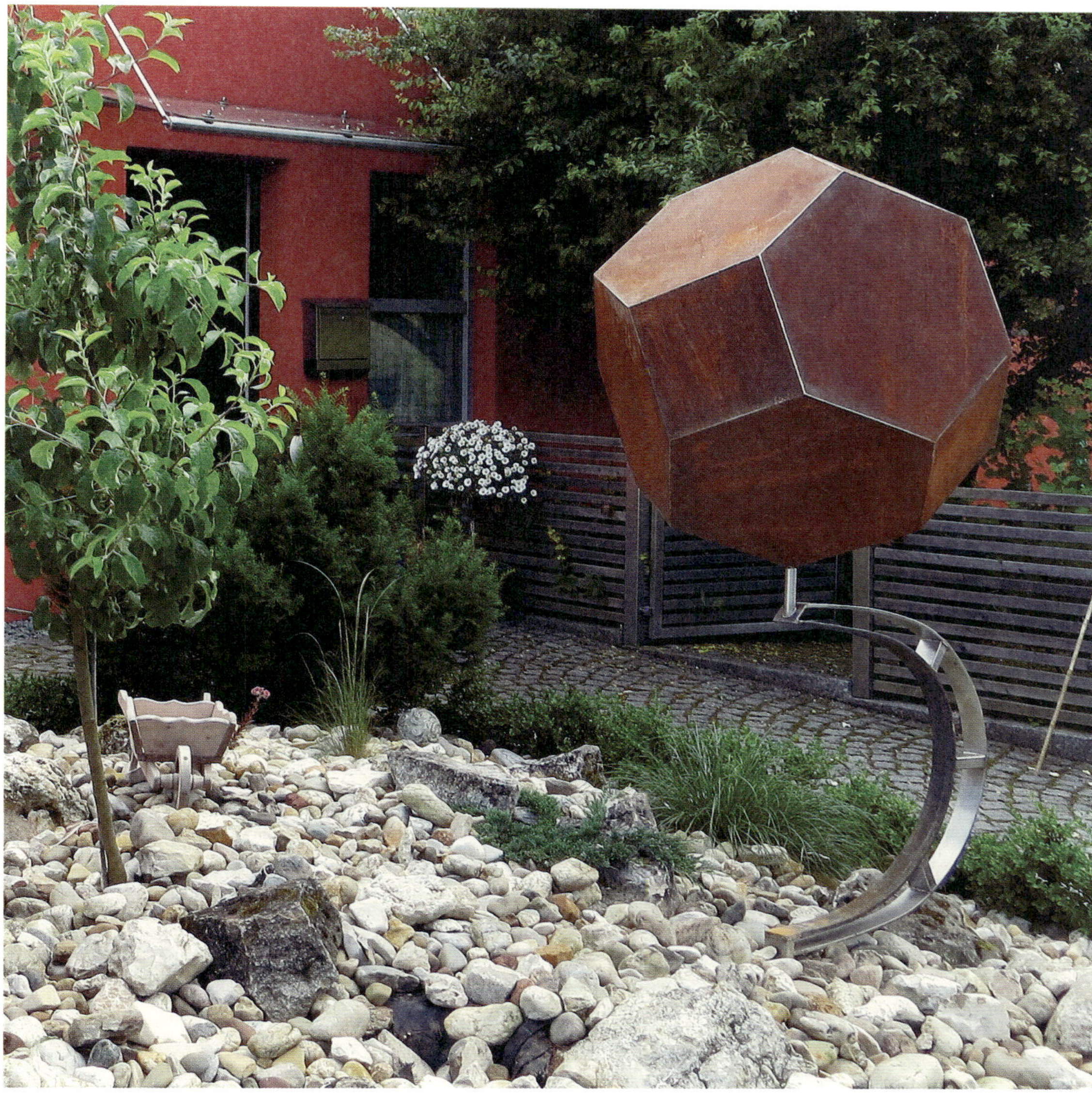

Abbildung 21. Stahlplastik „Wolfram“ (Franz Schwarz, 2013). Geschweißt aus Baustahl und Edelstahl, Höhe ca. 1.80 m. Die Schwinge aus Edelstahl (außen) und Baustahl (innen) symbolisiert die Quarzstimmgabel des qPlus-Sensors, der Korpus aus Baustahl steht für die Wigner-Seitz-Zelle des Schwermetalls Wolfram, welches häufig als Material für die Abtastspitze von Rastertunnel- und Rasterkraftmikroskopen verwendet wird. Die Wigner-Seitz-Zelle steht für den Raum, den ein Atom im Kristallgefüge einnimmt – periodisch aneinandergefügte Wigner-Seitz-Zellen füllen den Raum vollständig. Wolfram kondensiert in der kubisch raumzentrierten Kristallstruktur, seine Wigner-Seitz-Zelle wird von sechs Quadraten an den sechs Seitenflächen des Würfels und acht Hexagonen begrenzt, welche auf den vier Raumdiagonalen des Würfels senkrecht stehen.

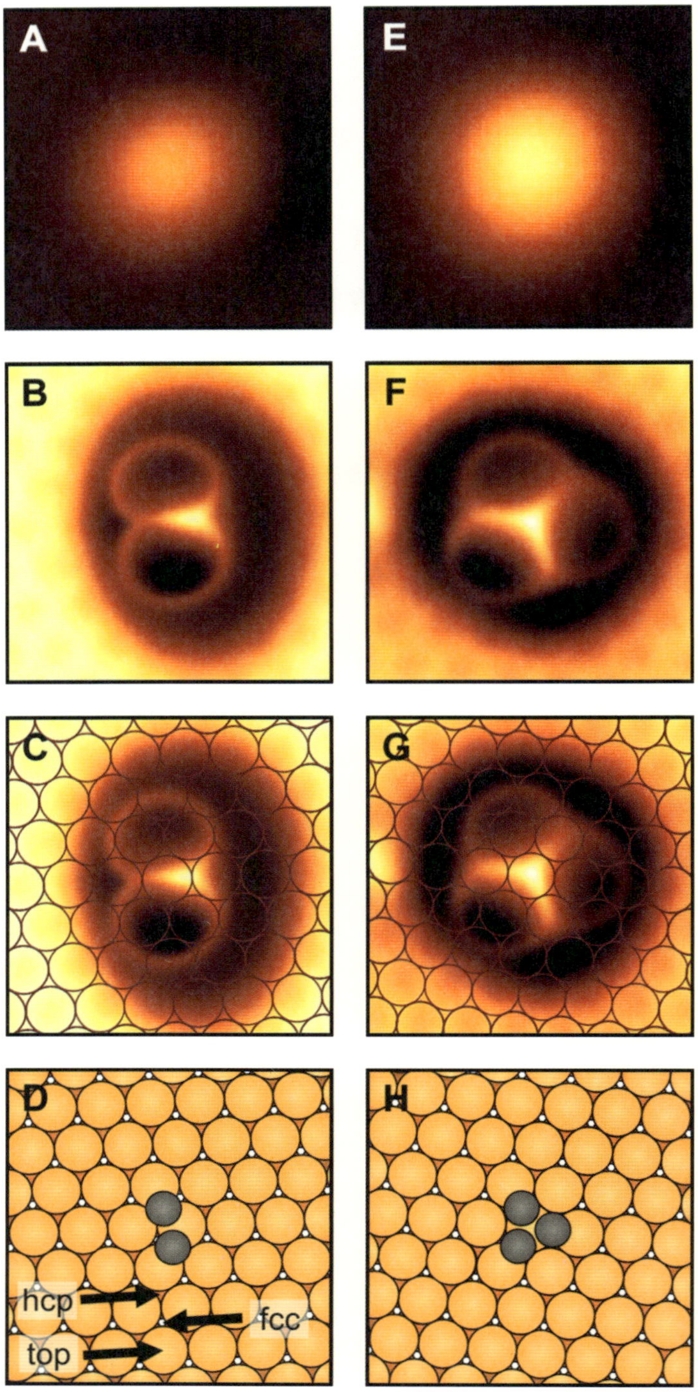

Abbildung 22. Richtigstellung der falschen Interpretation aus 2012 [39] im Jahr 2015 [40]. Bei diesem Experiment wurde das Kohlenstoffmonoxidmolekül an die Spitze des Kraftmikroskops montiert. Dieses hat dann zwei (linke Spalte) und drei Eisenatome (rechte Spalte) abgebildet. Die unterste Reihe zeigt die berechneten Lagen der Eisenatome (grau) auf den Kupferatomen (gelb).

Atome einfach durch Abzählen bestimmt werden kann. Ich berichtete Richter mit einem Brief über unseren Irrtum, worüber er sich sehr gefreut hat (auch Physiker können irren ...). Seine Antwort enthielt eine Karte (Bild 23), in der er auf einer Abbildung eines seiner Hinterglasbilder zwei verschieden große weiße Kreisscheiben mit einem geritzten Pfeil markiert hat.

Wissenschaftliche Irrtümer sind immer wieder passiert, auch den Größten unserer Zunft von Charles Darwin bis Albert Einstein, wie Mario Livio kürzlich in seinem 2013 erschienenen Buch *„Brilliant Blunders“* [42] festgestellt hat.

Ein weiteres wichtiges Resultat der Studie von 2015 [40] war die klare Demonstration subatomarer Auflösung der Probe und nicht der Spitze wie bis dahin. Damit war also auch die zweite oben erwähnte Imperfektion gelöst. Abbildung 24 zeigt das Bild eines einzelnen Eisenatoms auf einer Kupferoberfläche. Wider Erwarten erscheint das Eisenatom nicht als einfacher Hügel, sondern als Ring mit drei lokalen Maxima darauf. Dieses Ergebnis konnte beliebig reproduziert werden, weil die Prozeduren zu seiner Erzeugung klar definiert waren. Bei früheren Beispielen zur subatomaren Auflösung war immer der Zufall ein bisschen im Spiel.

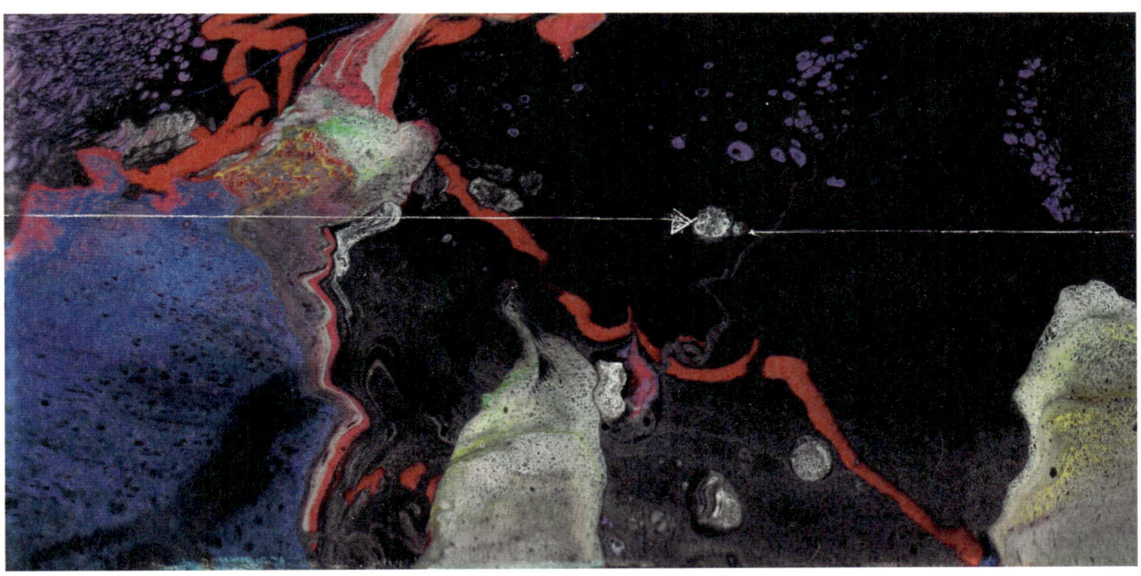

Abbildung 23. Richters mit Pfeilen eingeritzte Photokarte als bildlicher Kommentar zu unserem Irrtum in der Zahl der Atome.

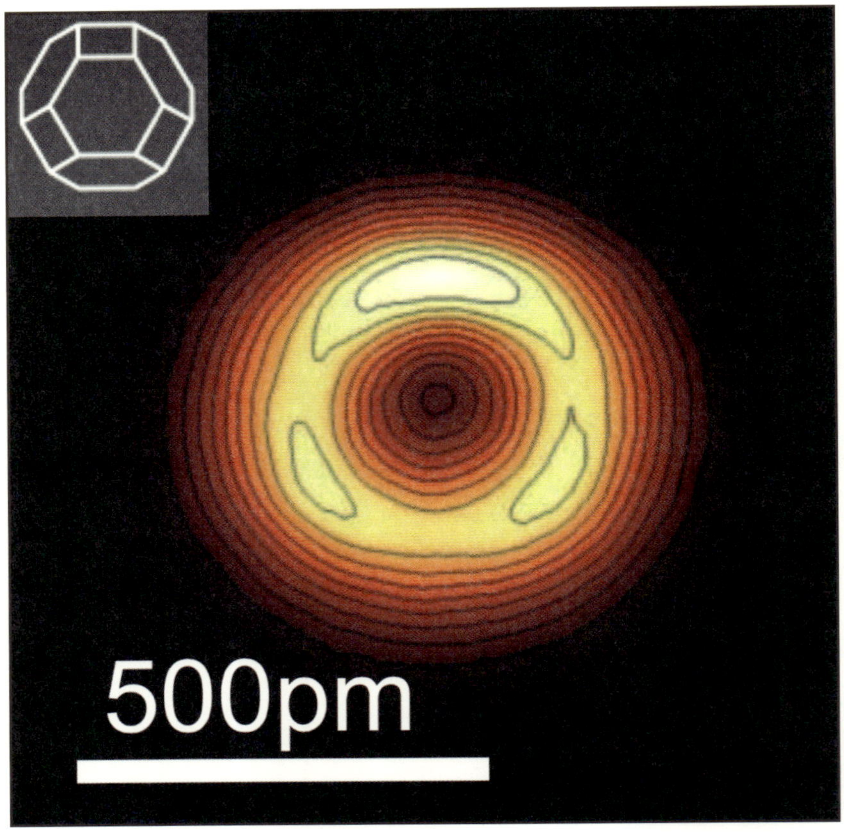

Abbildung 24. Kraftmikroskopiebild eines einzelnen Eisenatoms, abgetastet mit einer Kohlenstoffmonoxidspitze im Jahr 2015 [40]. In der linken oberen Ecke ist die schematische „Form" des Eisenatoms zu sehen.

Das Verständnis für das ungewöhnliche Bild des Eisenatoms als „Schwimmreifen" mit drei Hügeln darauf kam erst einige Jahre später. Bild 25 ist ein weiteres Beispiel für ein derartiges Eisenatom. Bei diesem Experiment, publiziert im Jahr 2019 in *Science* [43], konnten wir auch die genaue Entstehung aufklären: Sie hängt mit einer Entdeckung des britischen Physikers John Lennard-Jones im Jahr 1932, dem Geburtsjahr Gerhard Richters, zusammen.

John Lennard-Jones hatte 1932 postuliert, dass die chemische Bindung zwischen Atomen und Oberflächen einen schwach gebundenen Zustand, genannt Physisorption, und einen stark gebundenen Zustand, die Chemisorption, bilden kann. Diesen Übergang konnten wir 2019 experimentell direkt nachweisen. Die Ursache der subatomar aufgelösten Bilder 24 und 25 sowie der früheren subatomar aufgelösten Bilder ist letztlich die starke Winkelabhängig-

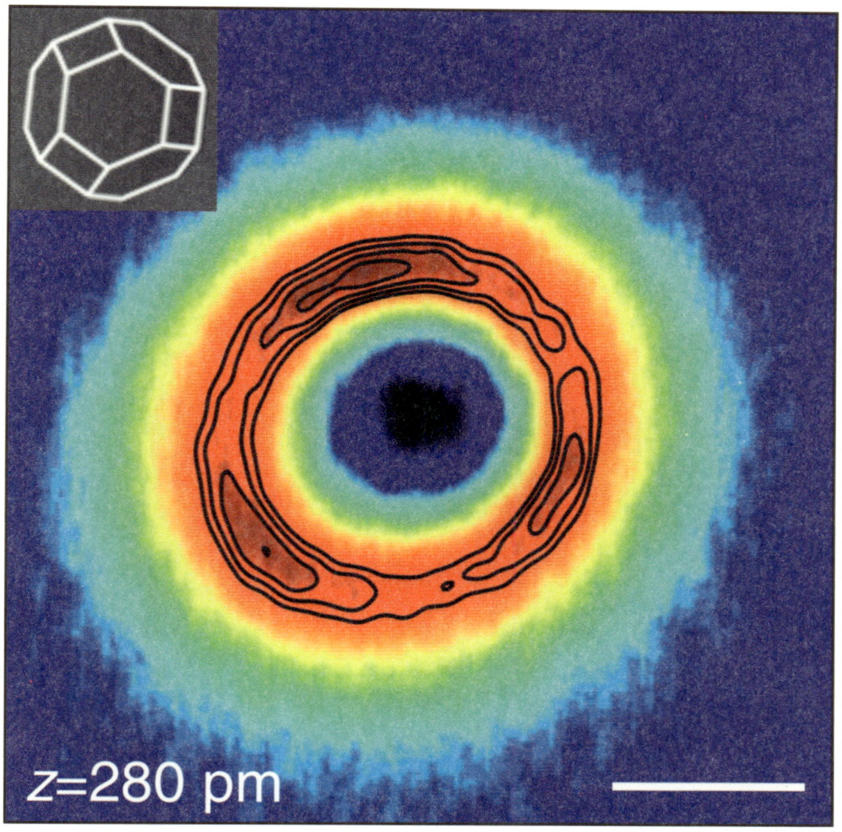

Abbildung 25. Kraftmikroskopiebild eines einzelnen Eisenatoms, abgetastet mit einer Kohlenstoffmonoxidspitze im Jahr 2019 [43]. Das Bild zeigt die gleichen drei Höcker wie Bild 24 und in der linken oberen Ecke ist wieder die schematische „Form“ des Eisenatoms zu sehen. Die leichte elliptische Verzerrung ist ein Artefakt aufgrund der nicht korrigierten Verzerrung der Rastereinheit des Kraftmikroskops. Der weiße Balken in der rechten unteren Ecke entspricht einer Breite von 100 pm.

keit der chemischen Bindung, die sich zum Beispiel auch in der makroskopischen Gestalt von Eiskristallen niederschlägt. Mit der perfekt reproduzierbaren Abbildung dieser subatomaren Strukturen ist dieses Thema für mich jetzt abgeschlossen. Es ist zu erwarten, dass in der Zukunft noch interessante Anwendungen für diese präzise Vermessung der chemischen Bindung kommen werden.

VIII. Foucault'sches Pendel

Im Jahr 2013 fragte mich Gerhard Richter, ob ich wisse, wie ein Foucault'sches Pendel funktioniert, und ob ich ihn dabei unterstützen könne, eines zu bauen. Ich sagte sofort begeistert zu, weil das Pendel die elementare Form der wissenschaftlichen Zeitmessung ist und das Foucault'sche Pendel speziell einige Analogien zum Kraftsensor in der Frequenzmodulations-Kraftmikroskopie aufweist.

In beiden Fällen wird ein Oszillator durch kleine Kräfte in seiner Schwingung beeinflusst. Beim Kraftmikroskop ändert sich die Oszillationsfrequenz eines Federbalkens durch den Einfluss winziger Kräfte und ein Antrieb sorgt für die Aufrechterhaltung einer konstanten Amplitude.

Beim Foucault'schen Pendel ändern kleinste Kräfte nicht die Oszillationsfrequenz des Fadenpendels, sondern sie drehen im Lauf der Zeit die Schwingungsebene, wenn das Pendel in einem rotierenden Bezugssystem wie der Erde aufgehängt ist. Es ist ebenfalls ein Antrieb erforderlich, der im einfachsten Fall ein Mensch ist, der das Pendel immer wieder anstößt, aber natürlich auch ein automatischer Antrieb sein kann.

Am einfachsten ist die Wirkungsweise des Pendels zu verstehen, wenn man sich es an einem der beiden Erdpole aufgehängt denkt. Das Pendel zeigt in der Ruhelage zum Erdmittelpunkt. Wenn es zum Schwingen ausgelenkt wird, dreht sich die Erde unter dem Pendel hindurch, deshalb dreht sich für einen erdgebundenen Beobachter die Schwingungsebene um einen Winkel ϕ proportional zur verstrichenen Zeit, und zwar um 360° pro Tag am Nordpol und um -360° pro Tag am Südpol.

Die Drehung nach Zeit t als Funktion der geographischen Breite berechnet sich zu

$$\phi = t \times 15°/\mathrm{h} \times \sin\theta \qquad (2)$$

Am Äquator ($\theta = 0$) ergibt sich also keine Drehung, an den Polen sind es ±15° pro Stunde und auf der geographischen Breite von Münster mit $\theta \approx 53°$, wo Richters Pendel installiert wurde, ergeben sich in etwa 11.8° pro Stunde.

A. Paris

Das Pendel trägt den Namen seines Erfinders Léon Foucault. Das längste seiner Pendel hatte er im Pariser Panthéon installiert, wo es auch heute noch zu sehen ist. Während einer Vortragsreise nach Paris hatte ich Gelegenheit, das in Bild 26 gezeigte Original zu besichtigen. Dieses Pendel ist etwa 67 m lang und wird zu jeder vollen Stunde von einem Museumsmitarbeiter neu angestoßen (siehe Bild 26). Durch die Luftreibung verringert sich die Schwingungsamplitude innerhalb dieser Stunde auf etwa ein Drittel. Wie durch obige Gleichung angegeben, dreht sich die Schwingungsebene gemäß der geographischen Lage von Paris um 11.5° pro Stunde.

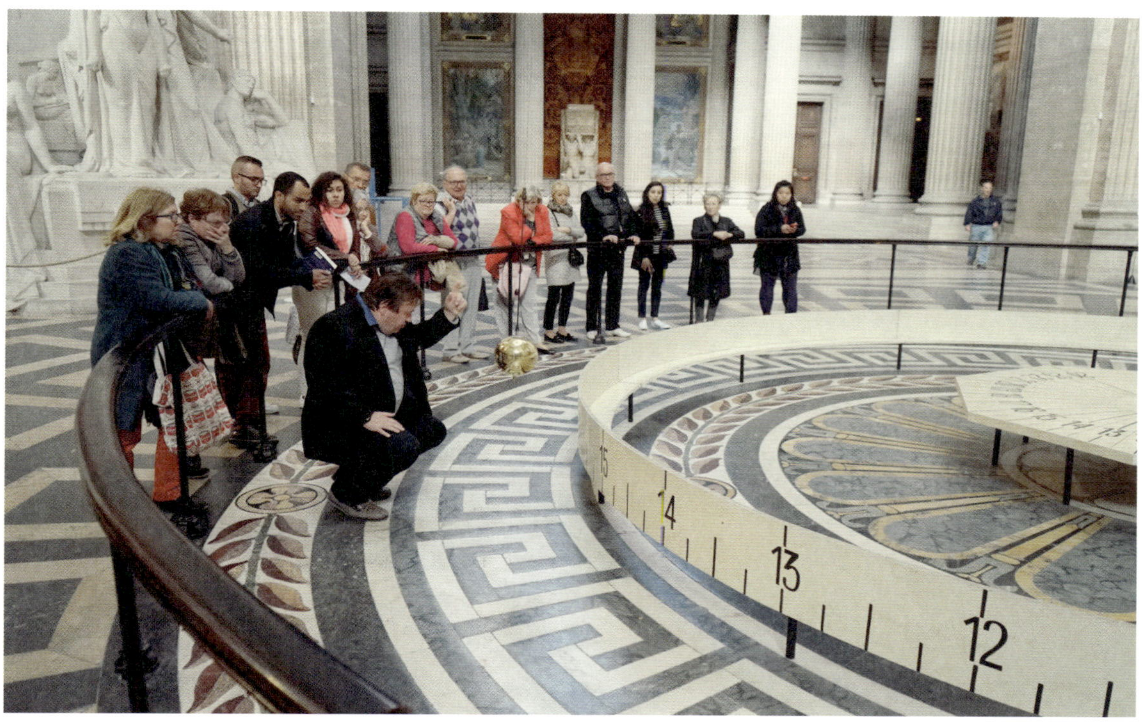

Abbildung 26. Foucault'sches Pendel im Pariser Panthéon mit einer Länge von 67 m. Das Pendel wird während der Öffnungszeit des Panthéons zu jeder vollen Stunde von dem zwischen Geländer und Uhrzeitskala stehenden Museumsmitarbeiter angestoßen (hier um 16.00 Uhr am 6. Oktober 2016). Nach einer Stunde reduziert sich die Amplitude des Pendels durch die Luftreibung auf etwa ein Drittel. Gemäß der geographischen Breite von Paris mit 48° 51" sollte sich die Pendelebene um etwa 11.5° pro Stunde drehen.

Richter besichtigte das Pendel im Panthéon während einer Ausstellung seiner Ehefrau Sabine Moritz ebenfalls im Jahr 2016, wurde sich bei der Ansicht dieses manuell angetriebenen Pendels aber darüber klar, dass er einen automatischen Antrieb bevorzugen würde.

B. Regensburg

Unser erstes Regensburger Pendel mit Antrieb von 2014 ist in Bild 27 zu sehen. Dieses Pendel hängt an einer lediglich 3.20 m hohen Decke. Im Treppenhaus des Physikgebäudes befestigten wir daraufhin ein 16 m langes Pendel, gezeigt in Bild 28. Damit das Pendel auch nach vielen Schwingungszyklen in einer Ebene schwingt, hatte F. Charron im Jahr 1931 eine ringförmige Vorrichtung vorgeschlagen [44], welche eine unerwünschte elliptische Bewegung

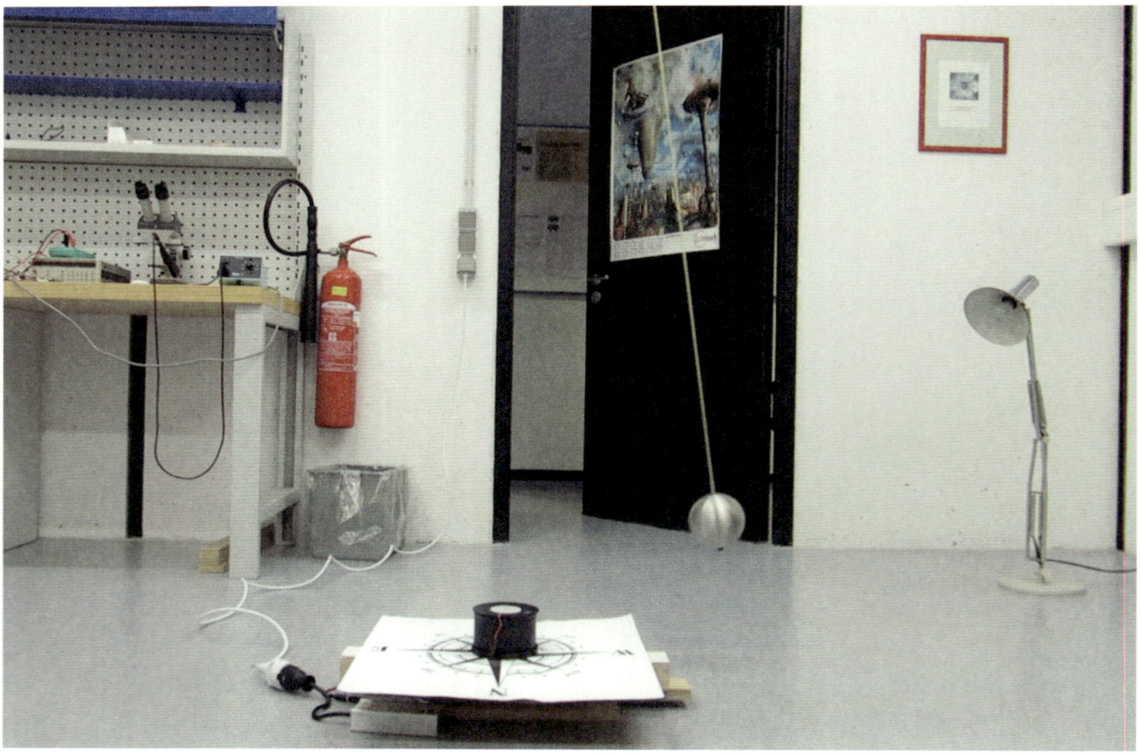

Abbildung 27. Erster Prototyp eines Foucault'schen Pendels an der Universität Regensburg mit einer Länge von 3.20 m (2014). Die geographische Breite von Regensburg ist ziemlich exakt 49°, damit erwartet man eine Drehung der Pendelebene von etwa 11.3° pro Stunde.

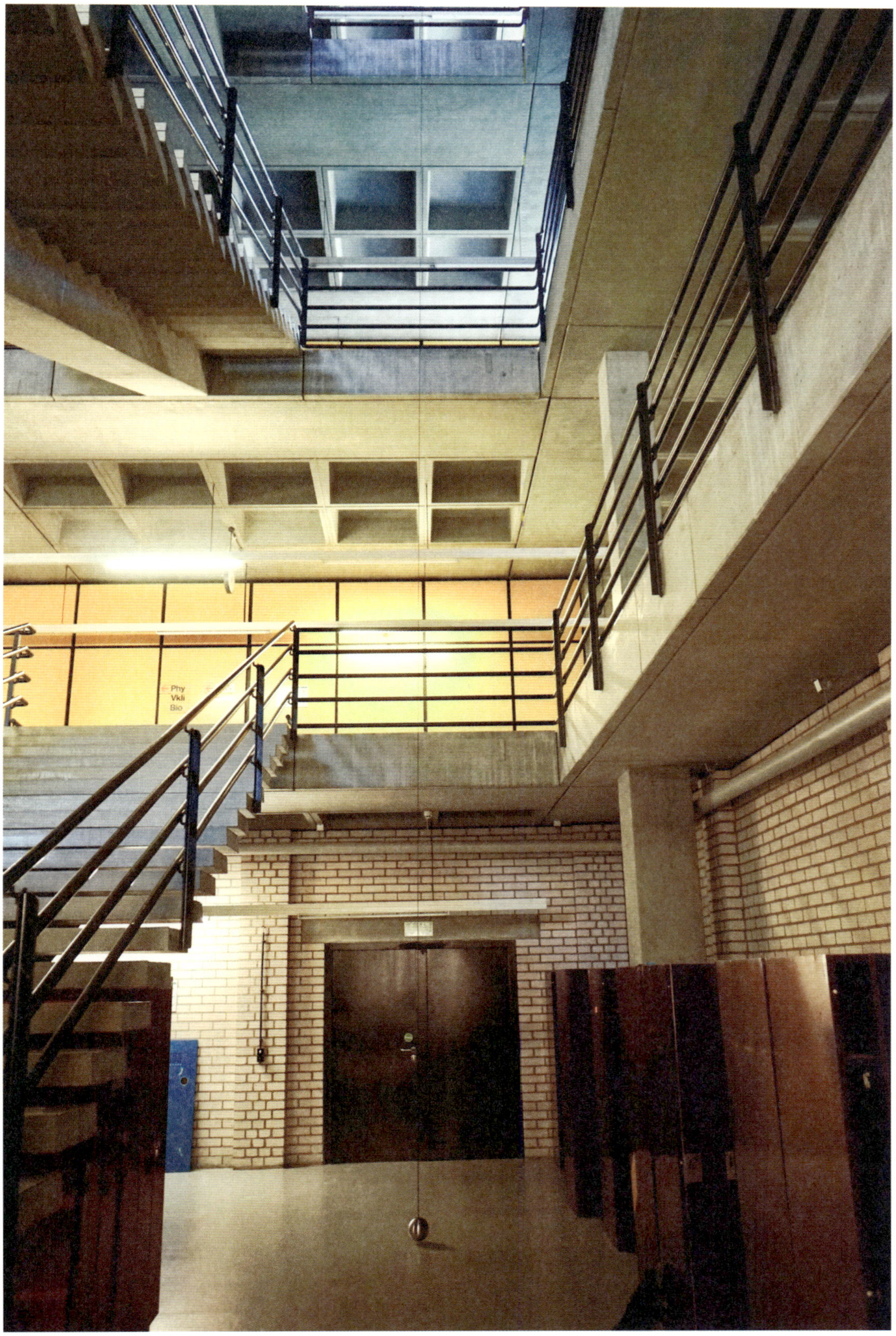

Abbildung 28. Zweiter Prototyp eines Foucault'schen Pendels an der Universität Regensburg mit einer Länge von 16 m (2016).

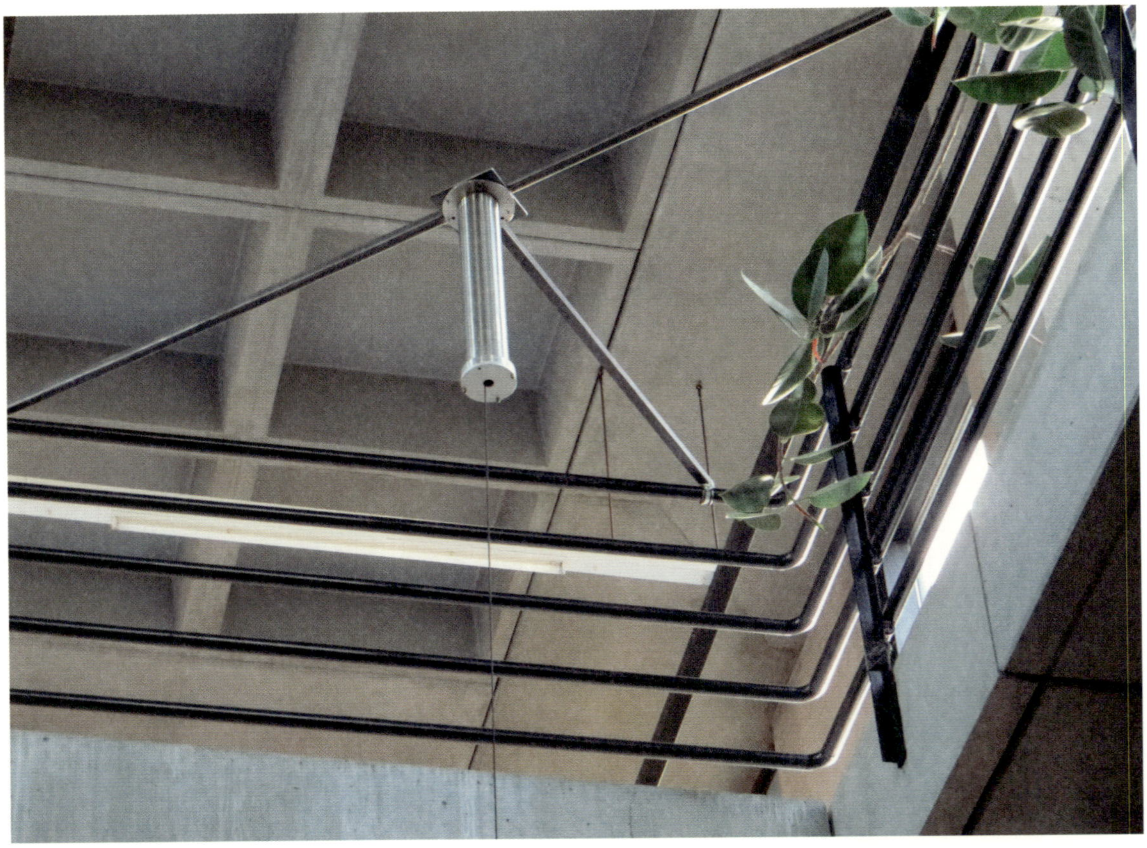

Abbildung 29. Charron-Ring des Foucault'schen Pendels an der Universität Regensburg (2016). Der Charron-Ring ist nur 80 cm von der Einspannstelle des Seils entfernt, also lediglich 5 Prozent der Pendellänge.

des Pendels verhindert, indem das Seil nahe dem Umkehrpunkt des Pendels einen Ring berührt. Bei einer elliptischen Schwingungsform bewegt sich das Seil gerade am Umkehrpunkt des Pendels seitwärts. Diese Seitwärtsbewegung am Umkehrpunkt wird durch den „Charron-Ring“ wirksam gedämpft und auf Dauer unterbunden. Bild 29 zeigt einen derartigen Charron-Ring.

C. Münster

Richter war begeistert vom Pendel und suchte jetzt einen geeigneten Ort zur Aufstellung. In der Planung der Skulpturentage in Münster wurde ein altes aufgelassenes Gasometer vorgeschlagen. Ein Bauplan dieses Gasometers mit skizziertem Pendel ist in Bild 30 gezeigt. Dieses Gasometer ist Wind

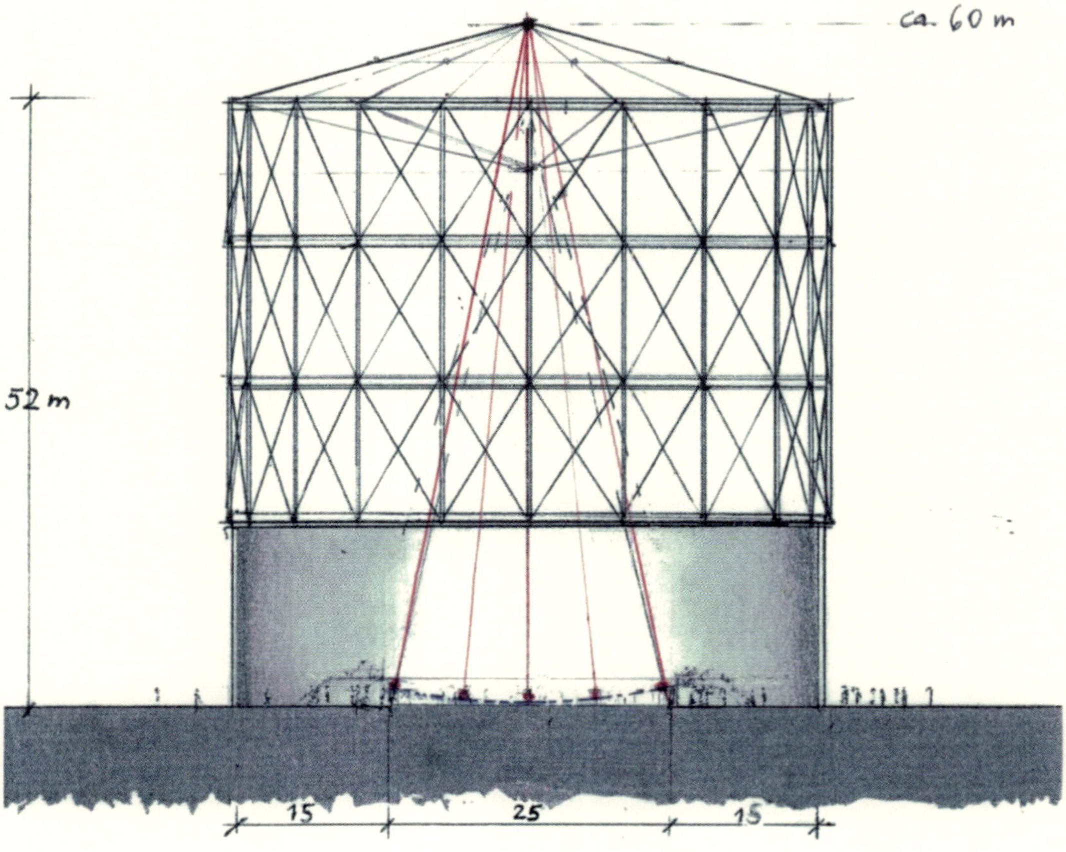

Abbildung 30. Skizze des Gasometers Münster, für das der Einbau eines Foucault'schen Pendels angedacht war (Gerhard Richter, 2015).

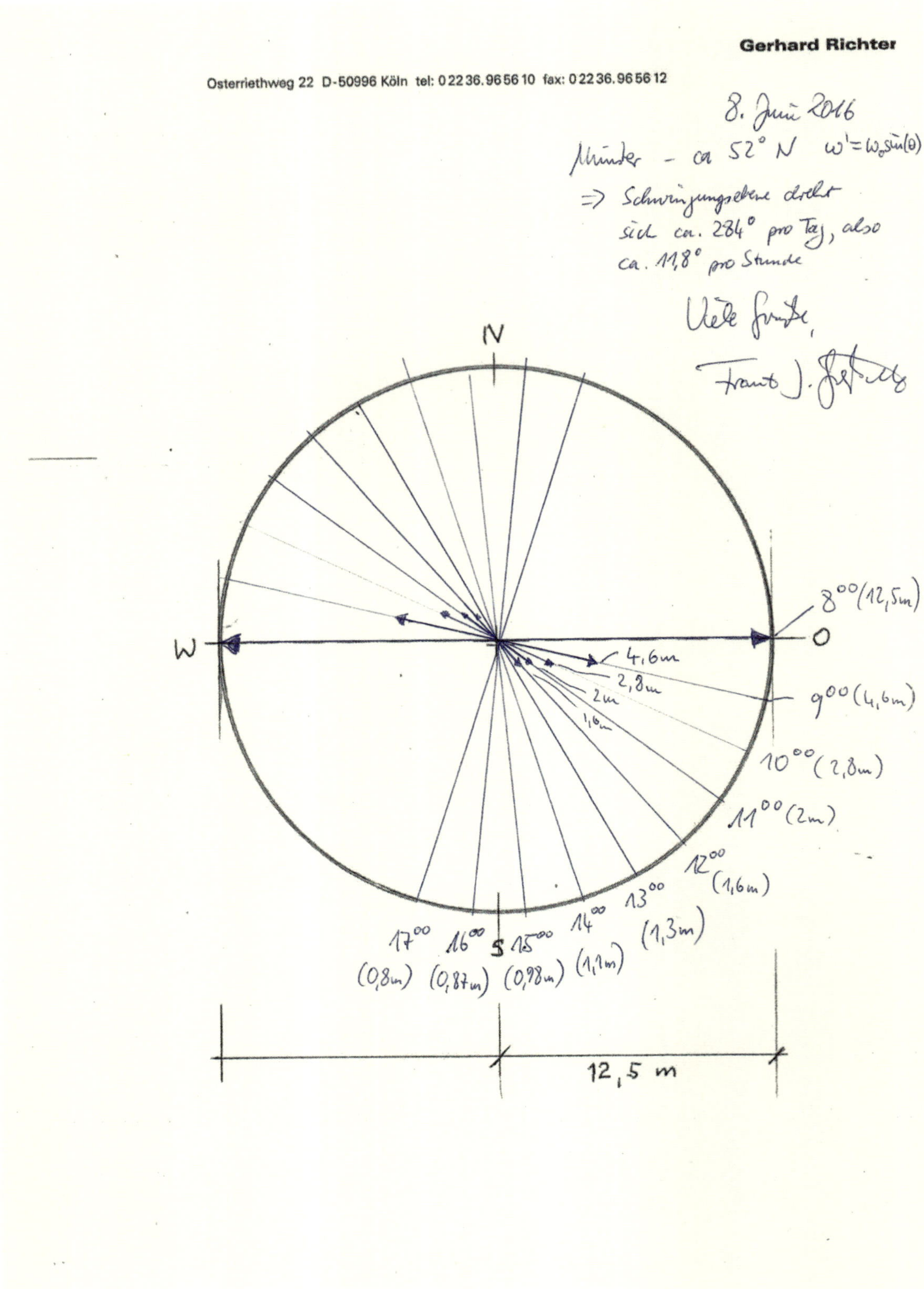

Abbildung 31. Skizze des Gasometers Münster (Draufsicht) mit dem berechneten Verlauf der Amplitude über den Tag, falls das Pendel um 8 Uhr morgens auf 12.5 m ausgelenkt wird (8. Juni 2016).

und Wetter ausgesetzt, ein zuverlässiger elektromagnetischer Antrieb wäre deshalb schwierig umzusetzen. Bild 31 zeigt den berechneten Verlauf der Schwingungsamplitude für ein Pendel, welches um 8 Uhr morgens auf 12.5 m ausgelenkt wird. Um 17 Uhr betrüge die Auslenkung nur noch 80 cm, falls die Kugel aus Wolfram bestünde, einem Material mit einer Massendichte ähnlich der von Gold. Die Luftreibung hängt nämlich nur vom Durchmesser der Kugel ab und die gespeicherte Bewegungsenergie ist proportional zur Masse. Die bei der Gesellschaft für Wolfram Industrie mbH angefragte Kugel hätte bei einem Durchmesser von 16 cm eine Masse von 40.4 kg gehabt. Ein Pendel mit einer Stahlkugel würde noch schneller zur Ruhe kommen.

In einer Skizze vom Juli 2015 (Bild 32) zeigte mir Gerhard Richter sein Ideal für ein Ensemble aus Pendel und grauen Bildern: ein Raum mit Platz für das Pendel im Zentrum und Wänden als Hintergrund für graue Bilder.

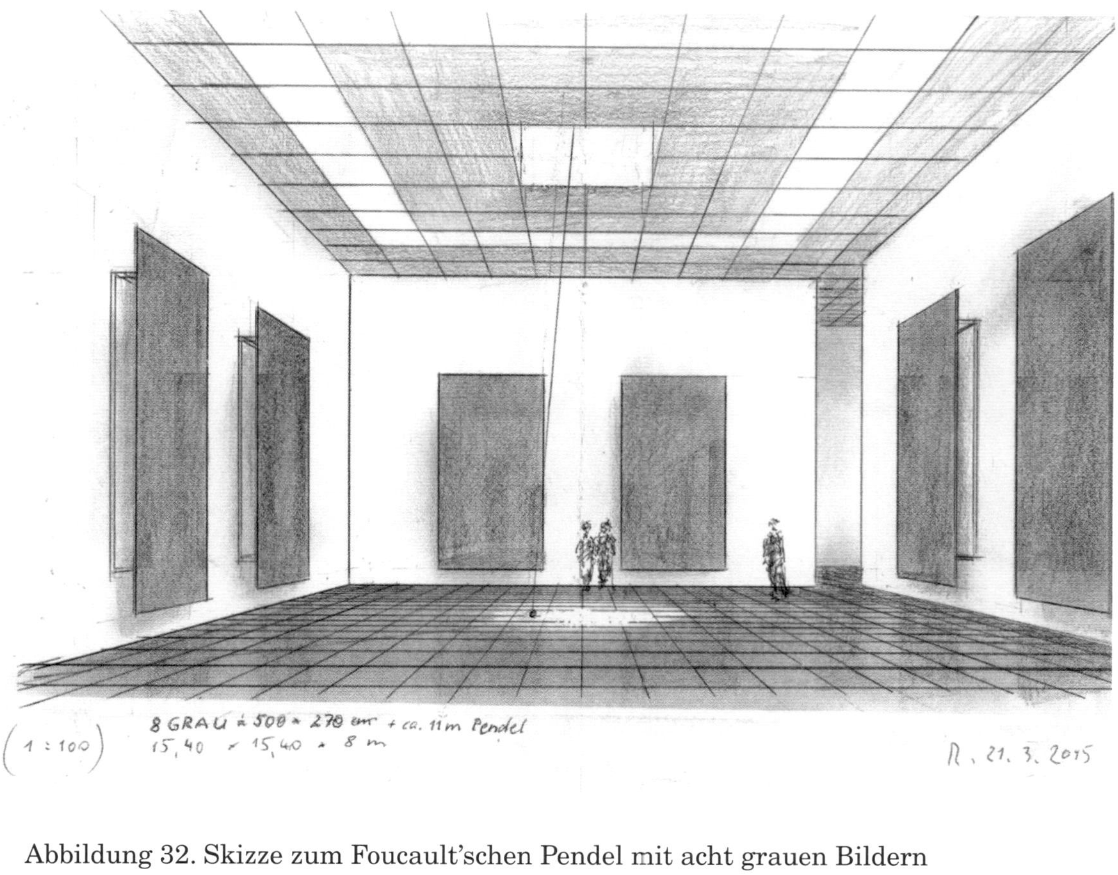

Abbildung 32. Skizze zum Foucault'schen Pendel mit acht grauen Bildern (Gerhard Richter, 21. März 2015).

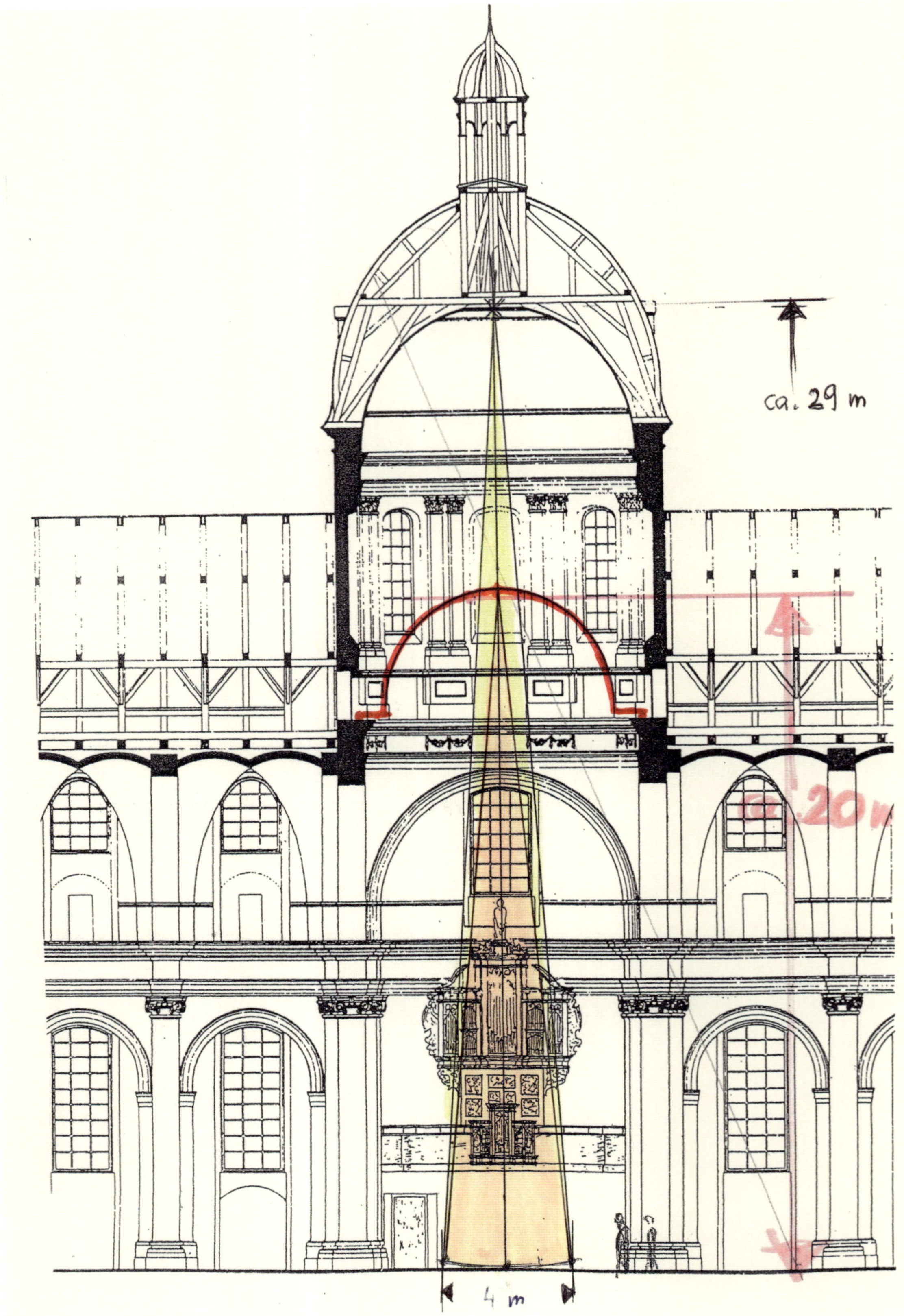

Abbildung 33. Skizze für das Pendel in der Dominikanerkirche Münster (Gerhard Richter, 11. Juli 2016).

Nach der Besichtigung des Gasometers war Richter überzeugt, dass eine derart offene Ausführung nicht das richtige Umfeld wäre. Es zeigte sich eine weit bessere Lösung, wie er in einer E-Mail von 2016 berichtete:

> Von: Gerhard Richter <gerhard.richter@xxx.xxx> 11.07.2016 10:24
> An: franz.giessibl@ur.de
>
> Lieber Herr Gießibl,
> vergangene Woche war ich in Münster um den Gasometer zu besichtigen. Ein riesiges, rostiges, ruinöses Gestell, das wohl seinen Reiz haben mag, aber mir erschien es in jeder Hinsicht ganz und gar unpassend für den Einbau eines Pendels.
> Aber dann zeigte mir die Kulturdezernentin ein schönes Gebäude im Zentrum, die Dominikanerkirche, die seit einigen Jahren der Stadt gehört und die man für kulturelle Zwecke nutzen will, was aber wohl noch nicht so gut klappt.
> Kurz gesagt: ich bin sehr begeistert von dieser Basilika und ich finde die sehr passend für ein Pendel mit ca. 29 m Länge und einer 2-Meter-Amplitude, die magnetisch angetrieben wird. Dort hätte es den richtigen Schutz und ein würdiges Ambiente, das man noch entsprechend herrichten und ergänzen könnte. Der Bürgermeister ist übrigens auch sehr an dieser Nutzung interessiert.
> Das nur kurz für heute und als Ankündigung, daß ich Sie demnächst wieder heimsuchen werde.
>
> Bis dahin herzliche Grüße
> Ihr
> Gerhard Richter

Danach ging alles sehr schnell. Die Stadt Münster setzte viel in Bewegung, um das Projekt rasch zu verwirklichen. In der Skizze vom 11. Juli 2016 (Bild 33) ist die Grobform des Pendels bereits gezeigt. Der Antrieb für das Pendel in Münster wurde von Kollegen der Physikalischen Fakultät der Universität Münster gefertigt, was sinnvoll ist, weil die örtliche Nähe der Erbauer eine eventuell nötige Wartung des Pendels erleichtert und beschleunigt. Lediglich die in der Regensburger Physikwerkstatt erstellte Stahlkugel und das Pendelseil wurden leihweise den Kollegen der Universität Münster zum Test des Antriebs überlassen.

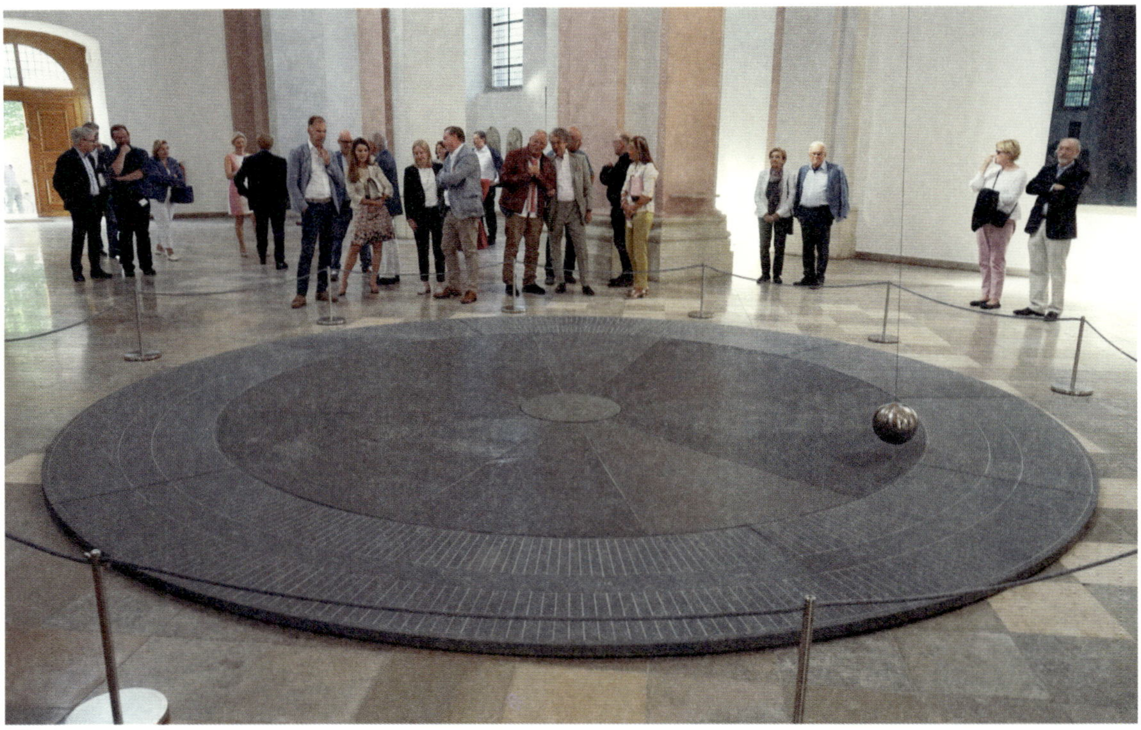

Abbildung 34. Zwei Graue Doppelspiegel für ein Pendel, Gerhard Richter (2018). Rechts oben ist noch ein Teil einer der beiden grauen Doppelspiegel zu erkennen. Bild von der Eröffnung am 16. Juni 2018 in der Dominikanerkirche Münster.

Schon am 16. Juni 2018 wurde das Münsteraner Pendel eröffnet (Bild 34). Es entwickelte sich innerhalb kurzer Zeit zu einem Publikumsmagneten. Die meditative Ruhe des Pendels mit den grauen Doppelspiegeln zieht viele Menschen in ihren Bann.

Zur Eröffnung des Münsteraner Pendels hat Michael Hagner, Professor für Wissenschaftsforschung an der ETH Zürich, das Buch *„Foucault's Pendel und wir. Anlässlich einer Installation von Gerhard Richter"* [45] verfasst. Dort finden sich neben einer ausführlichen Beschreibung des Münsteraner Pendels interessante historische Betrachtungen zum Foucault'schen Pendel. Dieter Schwarz hat kürzlich ein Buch speziell über *„Gerhard Richter. Zwei graue Doppelspiegel für ein Pendel in Münster"* vorgestellt [46].

IX. Spiegel

A. Triangulation

Don Juan, der Held von Córdoba aus Max Frischs Komödie *„Don Juan oder die Liebe zur Geometrie“* [47] wurde gefeiert, weil er die Distanz der Kanonen zur Festung von Córdoba ausmaß, und die Kanonen daraufhin trafen, was die Einnahme der Festung ermöglichte. Don Juans erfolgreiche Bestimmung der Distanz war nicht auf ein tollkühnes direktes Abschreiten der Strecke zur Festung zurückzuführen, sondern auf Kenntnisse der Geometrie. Don Juan bewegte sich so lange senkrecht zur Verbindungslinie zwischen den Kanonen und der Festung, bis er letztere unter einem Winkel von 45° sah, wie in Bild 35 erläutert. Bei einem Winkel von 45° ist die gesuchte Distanz d genau so groß wie die seitlich zurückgelegte Strecke d'.

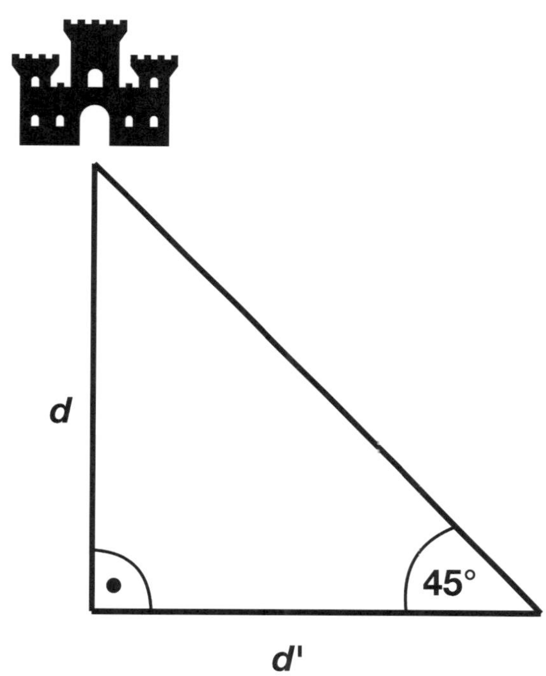

Abbildung 35. Triangulation: Um die Distanz eines nicht direkt erreichbaren Ziels zu bestimmen, kann man sich so lange senkrecht zur Verbindungslinie zwischen Objekt und Position bewegen, bis man es aus einem Winkel von 45° sieht. Die gesuchte Distanz d entspricht dann genau der seitlich zurückgelegten Strecke d'.

Dieses Verfahren heißt „Triangulation“. Es wird sogar in der Astronomie angewandt, wo der Sehwinkel eines Sterns zu einem bestimmten Zeitpunkt und sechs Monate später verglichen wird. Die Erde ist nämlich während eines halben Jahres um den doppelten Abstand Sonne – Erde (etwa 300 Millionen km) seitlich verschoben. Damit ergibt sich für Sterne, die nicht zu weit von der Erde entfernt sind, ein messbarer Winkelunterschied.

Ein Wechsel der Perspektive erlaubt es nicht nur, Distanzen exakt zu vermessen, sondern auch das Neue, Unbekannte besser zu erfassen. Richters weitreichende experimentelle Ansätze zur Abbildung der Wirklichkeit und sein steter Drang, neue Bildräume zu erschließen, weckten meine Neugierde auf seinen Zugang zur Wirklichkeit. Zu einem gewissen Maß beruhte das offenbar auf Gegenseitigkeit, sodass wir auch Jahrzehnte nach „Erster Blick“ noch miteinander im Gespräch sind.

Im übertragenen Sinne kann man es auch als Triangulation bezeichnen, wenn etwa ein Maler die Perspektive eines Wissenschaftlers einnimmt und umgekehrt, um in einer nebulösen Grauzone Orientierung zu finden.

Vermutlich ist dieser Wunsch nach einem Wechsel der Perspektive die treibende Kraft für die vielen Interaktionen über die letzten zwanzig Jahre und die Anregungen in der Gegenrichtung waren so umfassend, dass ich hier nur einige Aspekte ansprechen kann. Die Neugierde auf das Ungewisse mit seinen vielen Unwägbarkeiten und Möglichkeiten zum Irrtum, dargestellt in Fig. 18, in Verbindung mit dem schärferen Blick von der Seitenlinie aus Bild 35, ist der wahrscheinliche Grund für die anhaltenden Begegnungen.

B. Beethoven

In einem Brief von Ludwig van Beethoven an Nikolaus Simrock in Bonn vom November 1820 ist zu lesen: „Ich schreibe lieber 10000 Noten als einen Buchstaben“ [48]. So verlief auch die Kommunikation mit Richter nicht nur über persönliche Begegnungen, das Telefon oder den Brief, sondern durchaus auch über Bilder.

Ein Beispiel ist die Karte von Richter aus Bild 23 als Antwort auf meinen Brief an ihn mit dem Bericht über eine mir unterlaufene wissenschaftliche Fehlinterpretation.

Ein weiteres Beispiel findet sich in Bild 36. Das Bild entstand im Oktober 2018 in der Universitätsklinik Regensburg, wo ich mich wegen einer Anomalie der blutbildenden Zellen im Knochenmark in Behandlung begab. Ich fragte,

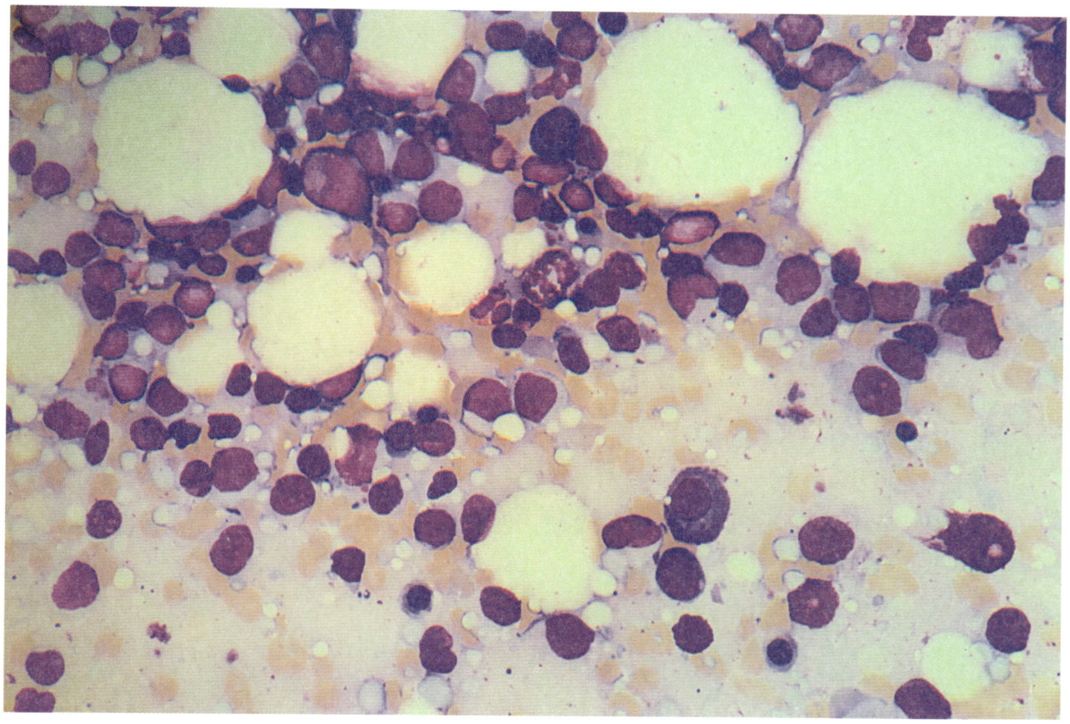

Abbildung 36. Mikroskopisches Bild von Blutzellen, 22. Oktober 2018.

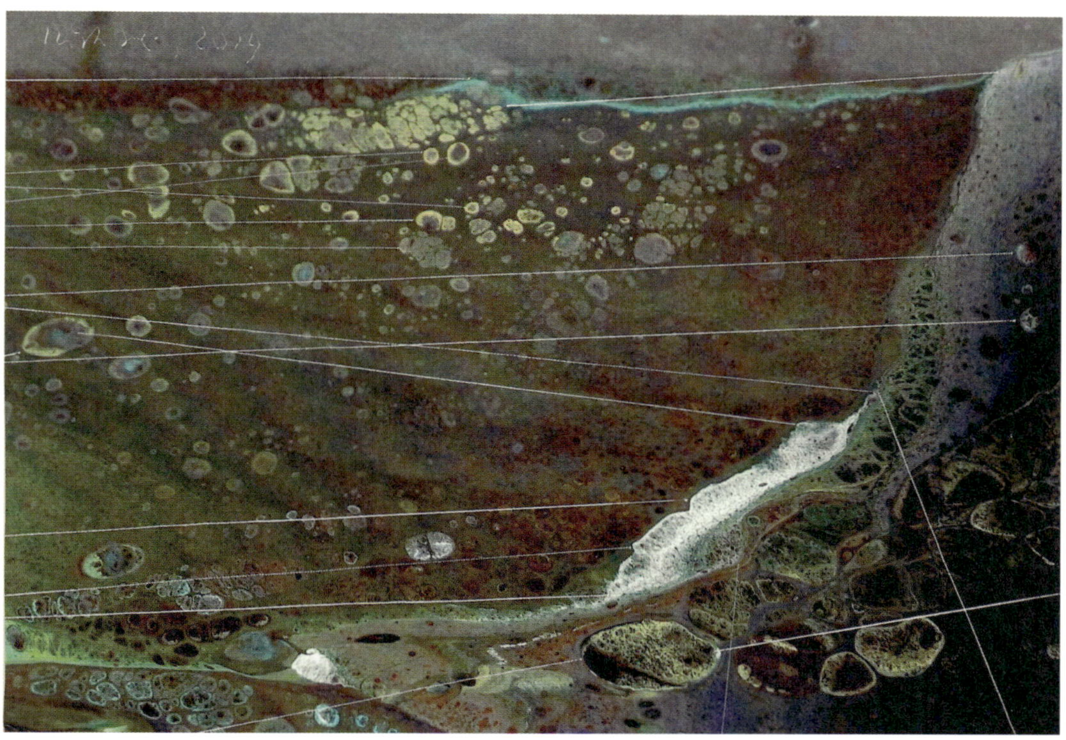

Abbildung 37. Karte von Richter vom 3. Januar 2019 mit Zellreparatur.

ob ich meine eigenen Zellen im Labor der Uniklinik inspizieren könne, und photographierte sie durch das Okular mit der Kamera des Smartphones. Das Bild fand ich interessant und schickte es an Richter.

Dieser antwortete mir mit einer signierten Karte, welche man als Bild der Zellreparatur interpretieren kann (Bild 37).

C. Symmetrie

Die Orientierung im Graubereich zwischen Wissen und Nichtwissen kann man durch Modelle unterstützen. Als wir die Bilder einzelner Eisenatome (Abbildungen 24 und 25) aufgenommen haben, ließ ich mir ein Plexiglasmodell eines Eisenatoms in seinem Kristallgitter herstellen, wie in Bild 38 gezeigt. Natürlich haben Atome keine Ecken und Kanten, das Modell zeigt vielmehr die Symmetrie des Volumens, welches einem einzelnen Eisenatom im Kristallgitter zur Verfügung steht. Eisen kristallisiert wie auch z.B. Wolfram in kubisch-raumzentrierter Symmetrie und bleibt in dieser Struktur, sofern die Temperatur unter 910 °C bleibt.

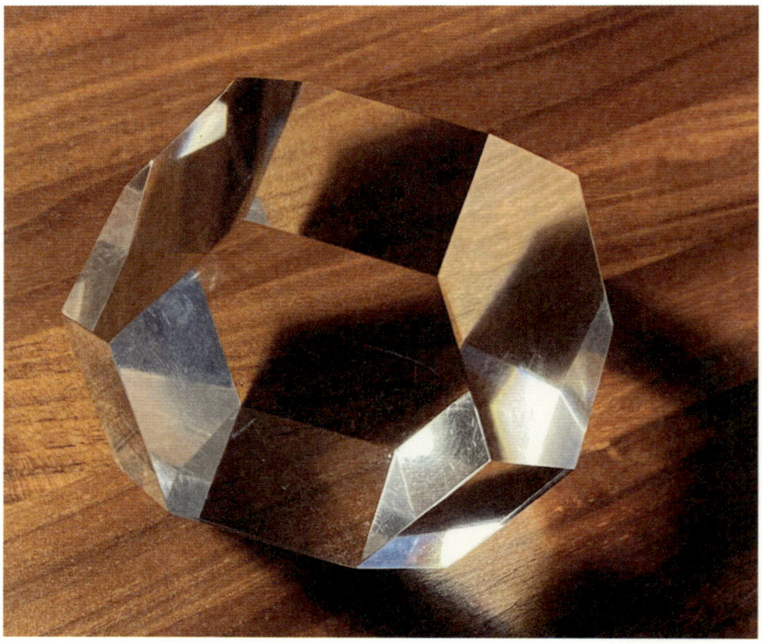

Abbildung 38. Wigner-Seitz-Elementarzelle des kubisch-raumzentrierten Kristallgitters von Eisen und Wolfram.

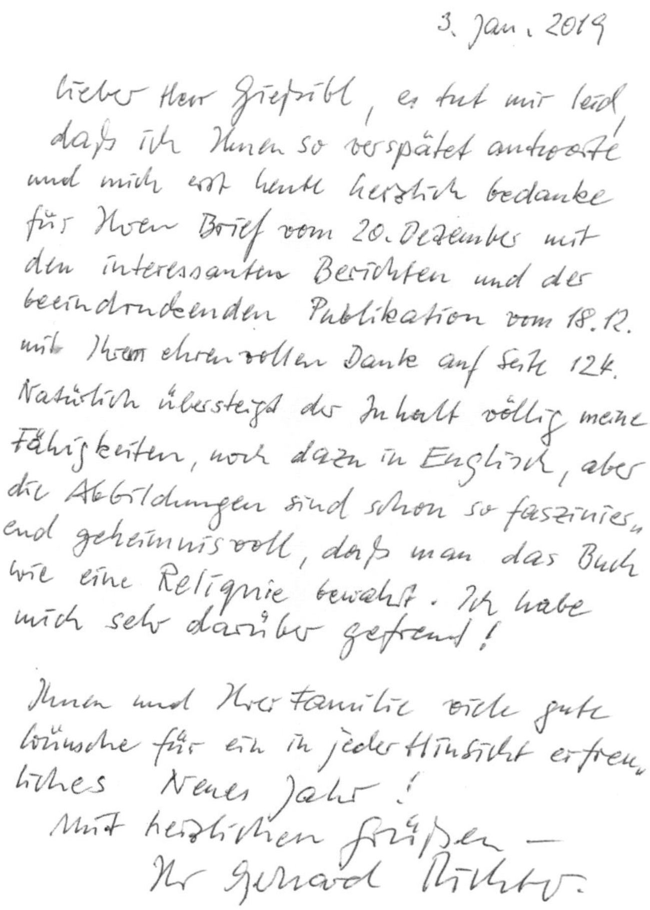

3. Jan. 2019

Lieber Herr Giessibl, es tut mir leid, dass ich Ihnen so verspätet antworte und mich erst heute herzlich bedanke für Ihren Brief vom 20. Dezember mit den interessanten Berichten und der beeindruckenden Publikation vom 18.12. mit Ihrem ehrenvollen Danke auf Seite 124. Natürlich übersteigt der Inhalt völlig meine Fähigkeiten, noch dazu in Englisch, aber die Abbildungen sind schon so faszinierend und geheimnisvoll, dass man das Buch wie eine Reliquie bewahrt. Ich habe mich sehr darüber gefreut!

Ihnen und Ihrer Familie viele gute Wünsche für ein in jeder Hinsicht erfreuliches Neues Jahr!

Mit herzlichen Grüßen –
Ihr Gerhard Richter.

Abbildung 39. Brief von Gerhard Richter vom 3. Januar 2019.

Bei der kubisch-raumzentrierten Struktur sitzt ein Atom im Zentrum eines Würfels und acht Atome sitzen an den Würfelecken. Denkt man sich nun jeweils Ebenen, welche am Mittelpunkt der Verbindungslinien zweier benachbarter Atome senkrecht auf diesen stehen, so ist die sogenannte Wigner-Seitz-Elementarzelle der kubisch-raumzentrierten Kristallstruktur von acht Sechsecken und sechs Quadraten begrenzt, wie in Bild 38 gezeigt.

Ich sandte ein Exemplar dieses Plexiglasmodells an Richter, weil ich mir vorstellen konnte, dass er so ein Modell auch inspirierend findet. Tatsächlich bestätigte mir seine Büroleiterin Frau Ell, dass das Modell einen schönen Platz in Richters Atelier gefunden habe.

Sehr gefreut habe ich mich über die Antwort Richters auf einen Ende 2018 gerade fertig gestellten Übersichtsartikel (Bild 39). Sie zeigt, dass Richter auch in hohem Alter noch von wissenschaftlichem Neuland fasziniert ist.

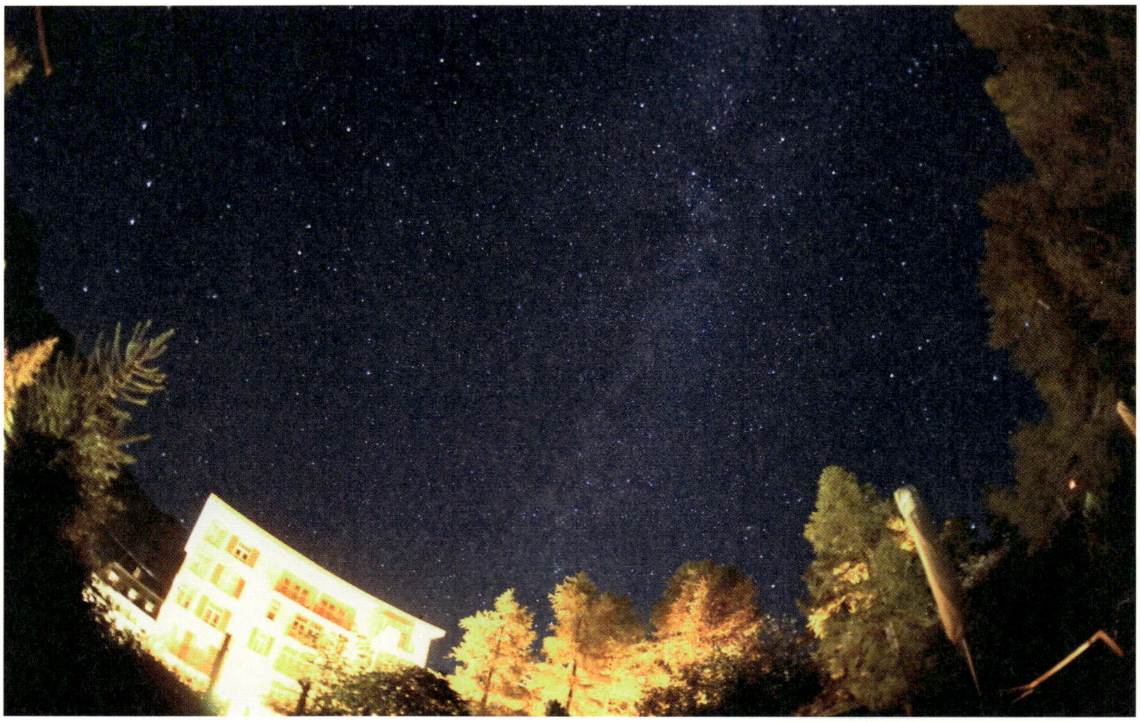

Abbildung 40. Milchstraße, aufgenommen am 22. August 2020 um 22 Uhr am Waldhaus Sils Maria auf etwa 1800 m Höhe über dem Meeresspiegel.

Zum Schluss des Abschnitts möchte ich nochmals auf Richters Faszination der großen Zahlen und Wahrscheinlichkeiten zurückkommen. In der Diskussion von „25 Farben“ (Bild 3) wurde erwähnt, dass ein Hintereinanderstellen aller möglichen Farbpermutationen dieses Bildes den zehntausendfachen Durchmesser unserer Galaxie, der in Bild 40 aufgenommenen Milchstraße, ergäbe.

Im Gegensatz zu Legosteinen sind Atome eines bestimmten Elements und Isotops völlig ununterscheidbar. Deshalb gibt es nur eine Möglichkeit, 25 Atome der selben Sorte in einem 5×5 Raster anzuordnen wie in Bild 41 gezeigt.

Grob geschätzt besteht unsere Galaxie aus etwa 10^{12} (einer Billion) Sonnen und das gesamte beobachtbare Universum aus etwa 10^{12} Galaxien. Man vermutet, das sich die Zahl der Atome im Universum auf etwa 10^{85} beläuft.

Der Mensch besteht aus etwa 10^{28} Atomen, die meisten davon sind Wasserstoff. Die Weltmeere beinhalten etwa 10^{47} Atome. Selbst wenn man annimmt, dass unsere Vorfahren gleichmäßig in den Weltmeeren aufgelöst sind, heißt das, dass jeder von uns etwa $10^{28} \times 10^{28}/10^{47} = 10^9$ (eine Milliarde) Atome

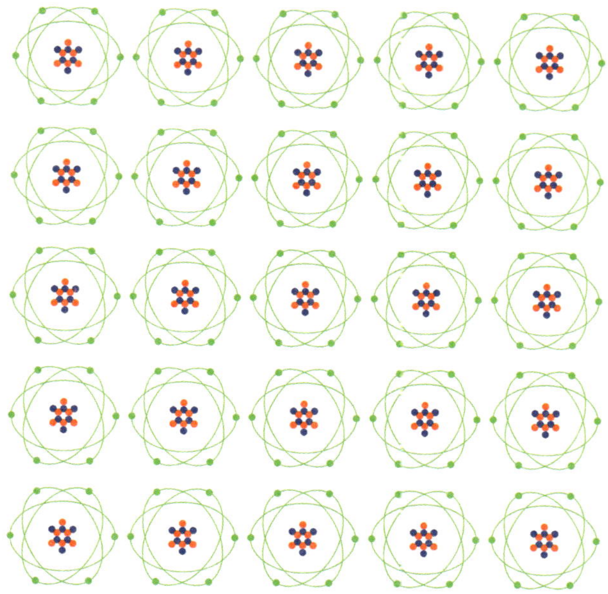

Abbildung 41. 25 Atome, hier Atome des Kohlenstoffisotops ^{12}C. Weil Atome eines chemischen Elements und gleicher Neutronenzahl ununterscheidbar sind, gibt es nur eine mögliche Anordnung dieser 25 Atome.

enthält, die früher schon in Leonardo da Vinci, Mozart, Caesar und anderen zirkuliert sind. Diese überraschende, fast magische Erkenntnis wird durch die Ununterscheidbarkeit gleicher Isotope abgemildert. Eine weitere interessante Erkenntnis ist das Alter der meisten Atome, die wie das Universum etwa 13,8 Milliarden Jahre alt sind.

Jedenfalls zeigt dieser Vergleich, dass die Materie allein nicht alles ausmacht.

D. Tatkraft

Eine Eigenheit Richters habe ich schon immer bewundert: seine Energie und Tatkraft. Ich hatte ihm angeboten, ihm beim Bau des Münsteraner Pendels zu helfen. Allerdings beheimatet die Universität Münster selbst ein physikalisches Institut mit hochkompetenten Mitarbeitern und einer sehr guten Werkstatt und die räumliche Nähe zur Dominikanerkirche erleichtert das

Projekt eines Pendels mit seinem elektromagnetischen Antrieb ungemein. Ich hätte das Pendel sehr gern mit und für Richter gebaut, war aber nicht unglücklich, dass die Münsteraner Kollegen die Sache in die Hand genommen hatten.

Umso mehr freute ich mich über eine Nachricht von Gerhard Richter vom 7. Dezember 2017, wegen der gebotenen Eile als E-Mail:

```
Von: Gerhard Richter <gerhard.richter@xxx.xxx> 07.12.2017 12:40
An: franz.giessibl@ur.de

Lieber Herr Gießibl, ich weiß zwar nicht wo und ob Sie diesen
Brief erhalten, aber ich muß es versuchen, in Sachen Münster.
Die Pressekonferenz vor einer Woche verlief gut und die fach-
lichen Details wurden auch erörtert. Alles soll gehen wie
geplant.
Ich kann sogar verstehen, daß die Physiker der Uni Münster
vom Ehrgeiz gepackt sind, die Aufgabe eigenständig zu meistern.
Und so wurde zwar das angebotene Geschenk Ihrer Kugel dankbar
vernommen, aber eher so, daß klar wurde, daß man unsere Kugel
gar nicht braucht.
Das aber hat sich plötzlich geändert, denn die Beauftragte
rief mich gestern an und berichtete, daß die Physiker-Gruppe
nun doch sehr an unserer Kugel interessiert ist, um sie zu
untersuchen. Und deshalb bittet man mich, die Kugel nach
Münster zu schicken, sozusagen leihweise.
Da ich am Gelingen des Projektes natürlich sehr interessiert
bin, würde ich gern diesem Wunsch nachkommen.
Und deshalb möchte ich Sie fragen, ob Sie damit einverstanden
sein können, und ob es die Möglichkeit gäbe, die Kugel direkt
nach Münster zu schicken - natürlich unfrei, zu Lasten meines
FedEx-Kontos: xxxx-xxxx-x.
Es tut mir sehr leid, daß ich Sie damit behellige, aber was
soll ich machen. Und jetzt bin ich sehr gespannt auf Ihre
Antwort.

Mit guten Wünschen und herzlichen Grüßen
Ihr Gerhard Richter
```

Die Münsteraner Kollegen benötigten unsere Kugel zum Test ihres Pendelantriebs, weil die an eine externe Firma vergebene 48 kg schwere Pendelkugel noch in der Fertigung war. Am Ende konstruierten sie einen höchst zuverlässigen Antrieb und es hat uns sehr gefreut, dass wir zum Gelingen und zur erfolgreichen Eröffnung des Pendels im Juni 2018 durch das Verleihen unserer Kugel beitragen konnten.

E. Japan

Mein Fachgebiet der atomar aufgelösten Mikroskopie ist in Japan sehr stark vertreten, nicht zuletzt weil die Liebe zum Detail in der japanischen Kultur tief verwurzelt ist. Deshalb reise ich häufig nach Japan und berichtete Gerhard Richter hin und wieder von diesen Reisen und der Besteigung des Mount Fuji im August 2014.

Daraufhin sandte er mir ein Buch über das Kunstwerk „14 Panes of Glass for Toyoshima, dedicated to futility“ (14 Scheiben aus Glas, der Vergeblichkeit gewidmet), ein hohles Holzprisma in einem Bambuswald auf der kleinen Insel Toyoshima, welches 14 Glasflächen enthält, die der Vergeblichkeit gewidmet sind. Richter war sogar bei der Eröffnung des Kunstwerks 2016 in Japan anwesend.

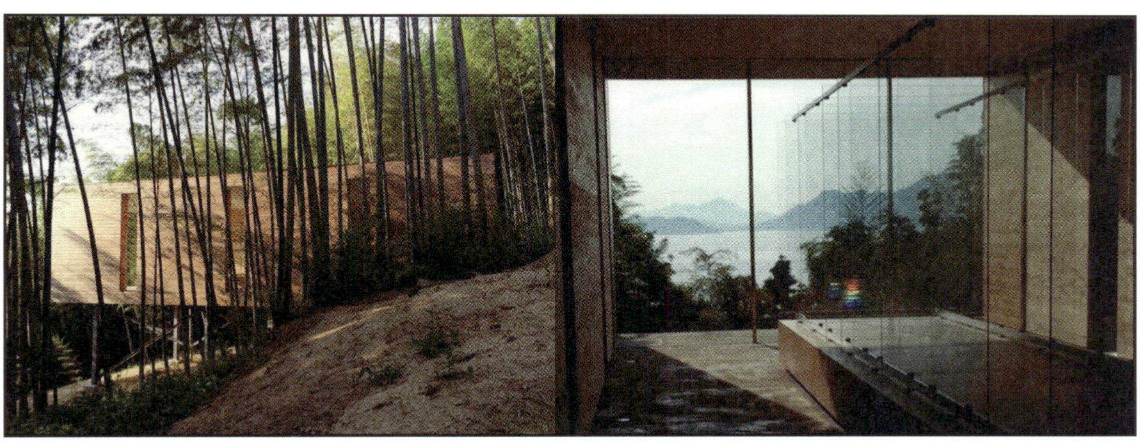

Abbildung 42. Gerhard Richter. 14 Panes of Glass for Toyoshima, dedicated to futility (2016).

F. Grau

Leonardo da Vinci arbeitete 14 Jahre an der Mona Lisa. Die Arbeit begann 1503 in Florenz, er nahm es nach Mailand, Rom und Frankreich mit und beendete es 1517 (p. 475 in [2]). Das Bild ist ein Kondensat der über sein Leben angesammelten Erkenntnisse in Kunst und Wissenschaft. Um das Zusammenspiel zwischen Mimik und Emotionen für seine grotesken Porträts zu studieren, spazierte er auf der Straße mit einem Skizzenblock am Gürtel und lud Passanten, die als Modelle dienten, zum Mittagessen ein, erzählte ihnen die verrücktesten Geschichten, um sie zu wildem Lachen zu bringen. Ihre Mimik brannte sich in sein Gedächtnis und er zeichnete sie anschließend (S. 121 in [2]).

Vermutlich hat jeder ernsthafte Künstler und Wissenschaftler eine Ahnung, eine fixe Idee, die ihn das ganze Leben begleitet und die er vielleicht nicht leicht in Worte fassen oder begründen kann.

Manche Betrachter, die Richters photorealistische Bilder sehr schätzen, haben Schwierigkeiten mit den grauen Monochrombildern. Die Farbe Grau muss Richter schon sehr lange und nachhaltig beschäftigt haben. In Corinna Belz' Film *„Gerhard Richter, Painting"* erzählt Richter amüsiert bei 1 h 30 min von der Offenheit des amerikanischen Ausstellungspublikums. Eine Gruppe junger Künstler, welche seine erste Ausstellung bei Onnasch in New York 1973 mit photorealistischen Bildern und grauen Monochrombildern besucht hatten, stellte fest: „Great, great show, but the gray ones, you know what it is? Bullshit!"

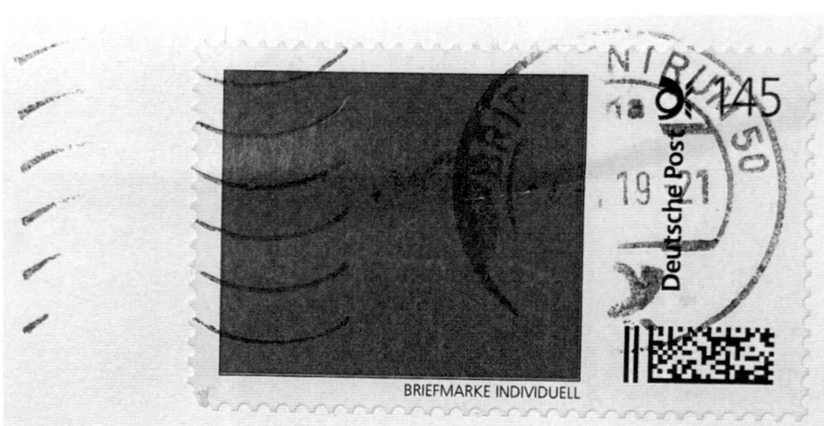

Abbildung 43. Graue Briefmarke auf einem Brief Gerhard Richters an den Autor.

Darf ein Maler, der eine Kerze so auf die Leinwand bringt, dass man meint sich die Finger zu verbrennen, wenn man zu nahe kommt, der eine elegante Frau die Treppe herabgehend so malt, dass man das Parfum riechen kann, darf dieser einfach ein graues Bild malen? Möglicherweise ist Grau für Richter so eine unterschätzte Tür zur Wahrnehmung. Die vielen Besucher, die das Münsteraner Pendel mit den zwei grauen Doppelspiegeln bereits besucht haben, zeigen jedenfalls, dass die gesamte Konstellation eine starke Wirkung hervorruft.

Die Deutsche Post bietet die Möglichkeit, individualisierte Briefmarken nach eigenen Photos mit dem Aufdruck „BRIEFMARKE INDIVIDUELL“ zu entwerfen. Richter hat auf mehreren seiner Briefe und Postkarten an mich die in Bild 43 abgebildete monochrom graue Briefmarke benutzt.

G. Religion

Bei einem meiner Besuche in Köln fragte mich Richter, ob ich als Wissenschaftler gläubig sei. Ich erzählte ihm von meinem Aufwachsen in einem oberbayerischen Dorf in den Sechzigern, wo fast alle Klassenkameraden katholisch und die restlichen evangelisch waren und Kirche und Dorfpfarrer großen Respekt genossen. Kurz vor der Jahrtausendwende – um die Geburt meiner Söhne herum–war ich allerdings aus der Kirche ausgetreten, weil ich sehr enttäuscht war vom Umgang der Kirche mit den damals bekannt werdenden Missbrauchsskandalen. Außerdem war ich schon immer latent von einer von mir empfundenen Scheu der Kirche vor wissenschaftlicher Erkenntnis verstört, welche auch dazu geführt hat, dass drei Jahrhunderte vergehen mussten, bis Galileo Galilei von der Kirche rehabilitiert war.

Der Wert vieler Dinge zeigt sich häufig erst dann, wenn sie entschwunden sind. Hermann Lübbe identifizierte Religion auch als eine vernünftige Kontingenzbewältigungspraxis [49], also eine Hilfe für den Umgang mit Umständen, gebenüber denen wir machtlos sind. Ein privater Schicksalsschlag ließ mich die Entscheidung zum Austritt neu überdenken. Zudem besuchte unser älterer Sohn Severin das Gymnasium der Regensburger Domspatzen, und wir waren oft dabei, wenn er die Sonntagsmesse im Regensburger Dom sängerisch mitgestaltete. Insbesondere die Christmetten waren ein nachhaltiges spirituelles Erlebnis. In der Pentlinger Kirche bei Regensburg hielt der emeritierte Dogmatikprofessor Wolfgang Beinert–langjähriger Weggefährte von Josef Ratzinger und den Naturwissenschaften gegenüber sehr aufgeschlossen – die

Sonntagsmesse und übersetzte die christliche Lehre auf bestechende Art in die gegenwärtige Zeit, auch heute noch werden wöchentlich neue Sonntagsmediationen von ihm auf YouTube veröffentlicht. Etwa ein Jahrzehnt nach meinem Austritt beantragte ich die Wiederaufnahme in die katholische Kirche – gegen den Trend und obwohl die Kirche nicht perfekt ist. Die Selbsterkenntnis im Einklang mit dem Bibelspruch aus dem Evangelium nach Johannes (8,7) „Wer von euch ohne Sünde ist, werfe als Erster einen Stein ..." trug zu dieser Entscheidung bei.

Jordan Peterson beschreibt auf den Seiten 186–187 seines Buchs *„12 Rules For Life – An Antidote To Chaos"* [50], dass das Christentum revolutionäre Denkmodelle zur Befreiung des Menschen eingeführt hat, etwa dass König und Bettler auf dem selben metaphysischen Niveau liegen und gleich sind vor Gott und Gesetz. Unter römischem Recht war es noch in Ordnung, lebende Sklaven zur Volksbelustigung vor hungrige Löwen zu werfen. Das Christentum habe sehr früh klar gemacht, dass Frau und Mann gleichwertig sind, auch wenn die Ausgestaltung dieser Gleichheit immer noch in Arbeit ist und die protestantische Kirche dort schon mehr erreicht hat. Die Symmetrie zwischen schwach und mächtig, arm und reich, sündig oder fromm finde ich bestechend.

Überall, wo der Mensch zugange ist, passieren Fehler. Das ist in der Kirche der Fall, wo vom Mittelalter bis in die heutige Zeit neben vielem Guten auch schwerstes Unrecht begangen wurde. In den Naturwissenschaften und auch in der äußerst exakten Physik gab und gibt es Irrtümer und Fehler. In der Physik ist die Reproduzierbarkeit entscheidend: Es zählt nicht, wie renommiert der Propagator einer neuen Theorie oder einer experimentellen Entdeckung ist, entscheidend ist, ob sie nachvollzogen werden kann. In der Luftfahrt gab es früher relativ häufig schlimme Unglücke, heute sind sie zum Glück sehr selten. Unfälle oder Beinah-Unfälle in der Luftfahrt werden akribisch aufgearbeitet und in öffentlichen Berichten publiziert, auch wenn kein Mensch zu Schaden kommt und kein Sachschaden entsteht. In der Folge werden mehrfache Sicherheitsprozeduren etabliert, die den gleichen Unfall in Zukunft verhindern. Als Ursache von Fehlentwicklungen hat sich häufig eine Machtkonzentration auf einzelne Personen erwiesen. Diese Erkenntnis führte zu einem gewissen Abbau der Hierarchie vom Flugkapitän zum Copiloten im Rahmen des Cockpit Resource Managements. Wenn der Copilot etwa bei einem Landeanflug der Ansicht ist, dass ein Durchstartmanöver aus Sicherheitsgründen angezeigt ist, dann wird das auch vollzogen, selbst wenn der Kapitän die Einschätzung nicht teilt.

Ich würde mir wünschen, dass die höchst erfolgreichen Mechanismen zur Fehlerkorrektur der Naturwissenschaften oder der Fliegerei auch in der

Kirche angewendet werden, dann könnte letztere die segensreiche Lehre Christi viel kraftvoller vermitteln.

Richter wurde als Kind evangelisch getauft, trat aber als junger Mann aus der Kirche aus (siehe S. 538 in [27]). In einem Interview mit Jan Thorn-Prikker von 2004 (S. 484 in [27]) sagt Richter: „Ich kann zwar nicht an Gott glauben, aber ich finde die katholische Kirche großartig." Auf Jan Thorn-Prikkers Frage „Was beeindruckt Sie so?" antwortet er: „Sie hat uns geprägt, die christliche Kultur, die es gibt auf der Welt. Ich bin dankbar für die große Kunst, die Musik, die schönste Architektur, für die Literatur und Philosophie, die ja auch dann noch durch und durch katholisch ist, wenn sie den extremen Atheismus predigt." Auf Jan Thorn-Prikkers Nachfrage „Alles, was Sie an Kunst verehren, kommt aus diesem Denken. Da nehmen Sie die Religion dankend in Kauf, ist das so?" erwidert Richter: „Na ja, es ist schon mehr. Als wir unsere beiden Kinder hier im [Kölner] Dom taufen ließen, hatte sich meine Einstellung zur Kirche sehr geändert, ich merkte allmählich, was die Kirche bieten kann, wie viel Sinn sie gibt, wie viel Halt, Trost und Geborgenheit."

Es wundert also nicht, dass Gerhard Richter zwei wichtige Werke für Kirchen geschaffen und an sie verschenkt hat: das Südfenster des Kölner Doms und drei Altarfenster der Klosterkirche von Tholey in der Nähe von Saarbrücken. Auch die zwei grauen Doppelspiegel für ein Pendel in der profanierten Dominikanerkirche schenkte er der Stadt Münster.

Das Domfenster ist in Bild 44 gezeigt. Es besteht aus etwa 11 500 quadratischen Farbtafeln in 72 antiken Farbgebungen, welche im Wesentlichen zufällig verteilt wurden. Die Anzahl an möglichen Kombinationen übersteigt die Zahl der Atome im Universum um einen gewaltigen Faktor, auch wenn man die teilweise Spiegelsymmetrie berücksichtigt. Nummeriert man die sechs Teilfenster längs der Horizontalen von 1 bis 6, so erkennt man, dass 1 und 3, 2 und 5 sowie 4 und 6 um die Hochachse gespiegelt sind, was das Fenster viel ruhiger erscheinen lässt als eine vollständig zufällige Anordnung.

Gerhard Richters Domfenster beinhaltet zwei scheinbar entgegengesetzte Aspekte der Schöpfung, welche sich in den Grundfesten der Physik wiederfinden: den Zufall und die Symmetrie. Selbst wenn man fest an eine Vorsehung glaubt, wird man nicht leugnen können, dass viele Ereignisse zufällig zu sein scheinen. Die Quantentheorie beinhaltet den Zufall sogar mit den Unschärferelationen für Ort und Impuls sowie für Zeit und Energie in ihrem Kern. Symmetrien sind in der Mathematik und Physik von größter Bedeutung. Man kann die subtile Anordnung der Domfenster auch als die Symmetrie zwischen König und Bettler verstehen. Deshalb passt das Fenster sehr gut in eine Kathedrale.

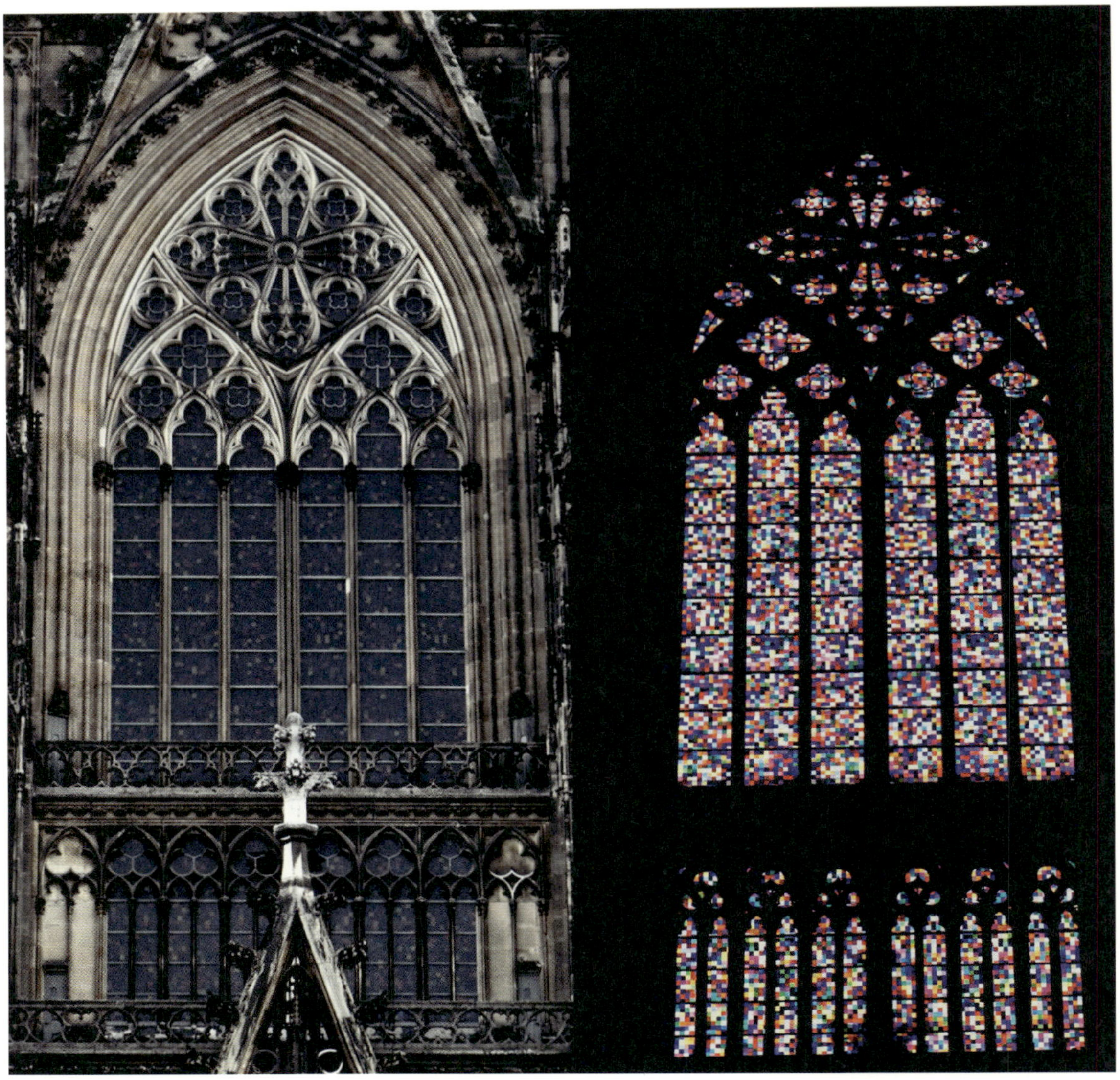

Abbildung 44. Kölner Domfenster von außen (links) und von innen (rechts), gestaltet von Gerhard Richter (2007). Etwa 11 500 Glasquadrate mit einer Seitenlänge von 9,7 cm in 72 Farben sind in sechs vertikalen Bahnen angeordnet, wobei die Verteilungen der Farben zwischen den Bahnen 1 und 3, 2 und 5 sowie 4 und 6 um die Hochachse gespiegelt sind.

Die Ästhetik ist ein weiterer möglicher Grund für die Symmetrie der Domfenster. Mario Livio beschreibt in seinem Buch *„The equation that couldn't be solved: How Mathematical Genius Discovered the Language of Symmetry"* [51] wichtige Aspekte der Symmetrie in Mathematik und Naturwissenschaften, aber auch die Wichtigkeit der Spiegelsymmetrie für die menschliche Wahrnehmung.

Dazu kann man ein einfaches Experiment zum optischen Eindruck gespiegelter Strukturen durchführen. Gerhard Richters Werk „4900 Farben, Version II (2007)“ bildet dafür die Grundlage. Das Original besteht aus 49 Tafeln mit jeweils 10 mal 10 Farbfeldern und einer Größe von 97 cm im Quadrat. Aus diesen 49 Tafeln wurden in Bild 45 sechs Tafeln zufällig ausgewählt und die jeweils linke Hälfte mit 5 mal 10 Farbfeldern aneinandergereiht.

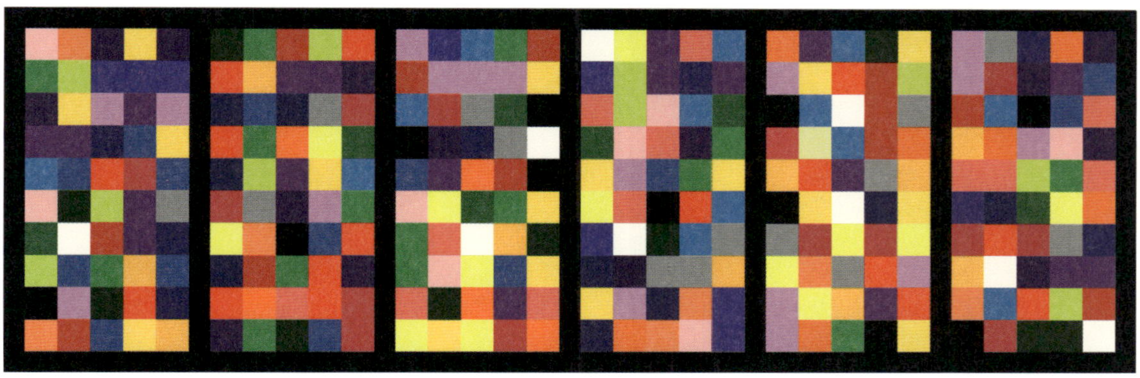

Abbildung 45. Ausschnitte aus Gerhard Richters Werk „4900 Farben, Version II (2007)“, beschnitten und zufällig aneinander gereiht.

Die zufällige Anordnung sechs verschiedener Farbtafeln in Bild 45 wirkt etwas rastlos. Die Spiegelung der linken drei Tafeln um die Hochachse liefert ein ruhigeres, aber vielleicht auch etwas langweiliges Bild, gezeigt in Abbildung 46.

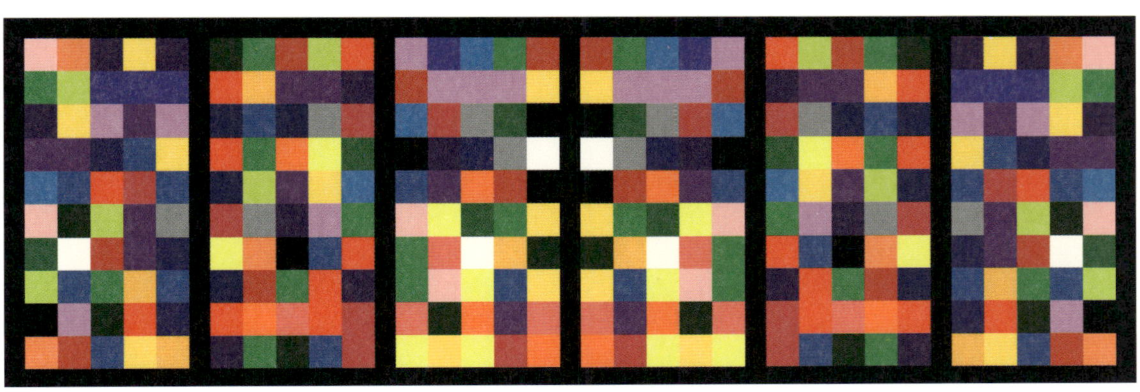

Abbildung 46. Die linke Hälfte von Bild 45, bestehend aus drei Tafeln, gespiegelt um die mittlere Hochachse zu einer Symmetrie der Felder 1 und 6, 2 und 5 sowie 3 und 4.

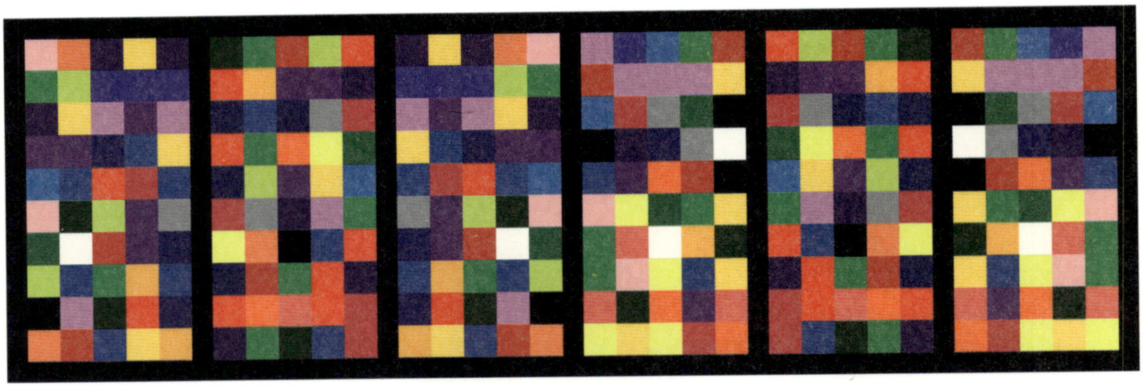

Abbildung 47. Die linke Hälfte von Bild 45, bestehend aus drei Tafeln, gespiegelt zu einer Symmetrie 1 und 3, 2 und 5 und 4 und 6.

Bild 47 schließlich zeigt die Symmetrie, die im Kölner Domfenster verwirklicht wurde. Hier präsentiert sich die Spiegelsymmetrie zwischen den Tafeln 1 und 3, 2 und 5 sowie 4 und 6 auf eine subtile und interessante Weise.

Albert Einsteins Ausspruch „Gott würfelt nicht“ wandte sich gegen die statistische Natur der Quantenmechanik. Die Unschärfen und Unbestimmtheiten der atomaren Welt hielt Einstein für letztlich nicht richtig und vermutete, verborgene Parameter könnten doch eine Determiniertheit der Welt ermöglichen. Bis heute wurden diese Parameter in der modernen Physik nicht gefunden und die Heisenbergsche Unschärferelation bleibt gültig. Symmetrien sind aber zahlreich in der Physik und so zeigt das Kölner Domfenster mit dem Spiel aus Zufall und Spiegelsymmetrie zwei zentrale Eigenheiten der Schöpfung.

X. Ausblick

In Abschnitt IV B wurde bereits erwähnt, wie der Physiker Werner Heisenberg die begrenzten Ausdrucksmöglichkeiten der Sprache bezüglich der Natur der Quantenmechanik erörtert. Der amerikanische Psychotherapeut und Schriftsteller Irvin D. Yalom schließt sein Buch *„Die Liebe und ihr Henker“* ebenfalls mit einer Bemerkung über die Unzulänglichkeiten der Sprache bezüglich der Wiedergabe psychischer Gegebenheiten. Er zitiert aus Gustave Flauberts *„Madame Bovary“*: „[T]he truth is that fullness of soul can sometimes overflow in utter vapidity of language, for none of us can ever express the exact measure of his needs or his thoughts or his sorrows; and human speech is like a cracked kettle on which we tap crude rhythms for bears to dance to, while we long to make music that will melt the stars.“ Frei übersetzt: „Die Wahrheit jedoch ist, dass die übervolle Seele sich bisweilen in eine völlig leere Sprache ergießt, denn niemand von uns kann jemals das wirkliche Ausmaß seiner Wünsche, seiner Gedanken oder seiner Leiden ausdrücken; und die menschliche Sprache gleicht einem zersprungenen Kessel, auf den wir krude Rhythmen wie für Tanzbären trommeln, während wir uns danach sehnen, eine Musik zu machen, bei der die Sterne schmelzen.“

Gerhard Richter versucht gar nicht erst, seine Bilder durch das Trommeln kruder Rhythmen auf zersprungenen Kesseln in Worten zu umreißen, sondern erklärt stattdessen: „Meine Bilder sind klüger als ich“ [52]. Er lädt uns damit ein, seine Bilder selbst zu erkunden. Die Tausenden der von ihm geschaffenen Kunstwerke spannen einen umfassenden und inspirierenden Raum zur Interpretation auf. Er hat die Vergangenheit in der Malerei überwunden und die Abstraktion neu belebt („Overcoming the past in painting, revival of abstraction…“, S. 811 in [53]).

Die Quintessenz aus 20 Jahren Wechselwirkung mit Richter findet sich an der Südwand meines Büros an der Universität Regensburg (Bild 48). Auf der linken Seite ist eine Reproduktion des Memento mori „Kerze mit Schädel“ zu sehen. Die Mitte wird von „Graphit (2004)“ eingenommen, welches das zentrale chemische Element des Lebens – Kohlenstoff – in der Graphitmodifikation darstellt. Auf der rechten Seite hängt eine Reproduktion von „Die Lesende“. Das Ensemble ist eine bildliche Fassung von Emily Dickinsons Gedicht

Death is a Dialogue between The Spirit and the Dust.
„Dissolve" says Death.
The Spirit „Sir I have another Trust."

Frei übersetzt heißt das:

Der Tod ist ein Gespräch zwischen dem Geist und dem Staube.
„Weiche" sagt der Tod.
Der Geist erwidert: „Herr, in mir lebt ein anderer Glaube",

interpretiert als Trost der eigenen Vergänglichkeit durch das Schaffen von etwas Lesens- oder Betrachtenswertem.

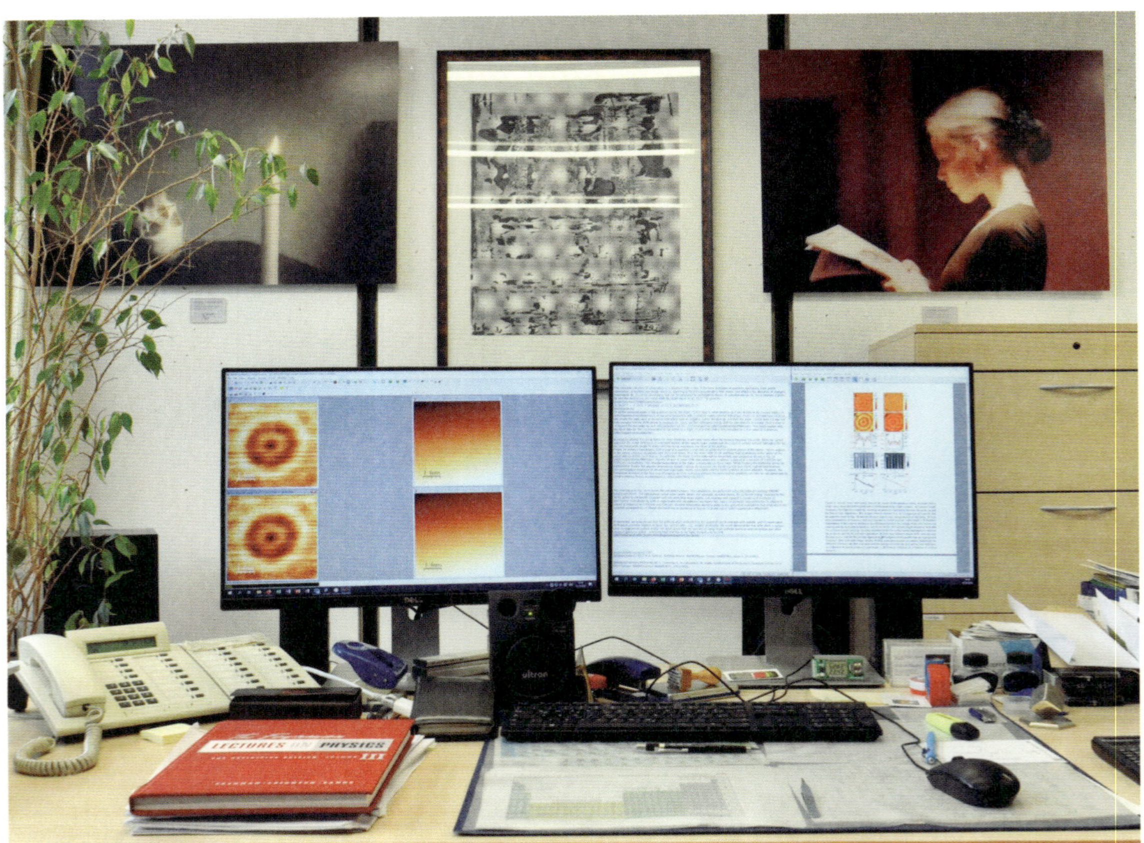

Abbildung 48. Büro des Autors an der Universität Regensburg mit „Graphit" (mittig) und Reproduktionen von „Kerze mit Schädel" (links) und „Die Lesende" (rechts). Auf dem Bildschirm sind die Spuren eines künstlichen Atoms zu sehen [54].

XI. Danksagung

Ich danke Gerhard Richter für zwei Jahrzehnte Austausch und Inspiration, für die direkten Begegnungen, Einladungen, Briefe, Karten, Telefonate, E-Mails, für die Kunstwerke und Bücher, die er mir geschenkt hat. Seiner Büroleiterin Frau Konstanze Ell bin ich sehr dankbar für die stets effiziente und geradlinige Kommunikation und so manche Hilfe.

Herrn Walther König danke ich für seine liebenswerte Unterstützung, dieses Buch mit seinem ungewöhnlichen Genre zwischen Wissenschaft und Kunst zu verlegen.

Gerd Binnig hat das Feld der Nanowissenschaften eröffnet und gab mir die Gelegenheit, von Anfang an bei dieser spannenden Exploration unerforschten Neulands mitzuwirken. Außerdem ließ er mich an seiner außergewöhnlichen Weltsicht teilhaben und an seiner Zuversicht, auch gewaltige Herausforderungen mit einem mutigen Ansatz im Sinne von Nietzsches Zarathustra anzupacken. Ich danke ihm ferner für Hilfe und Rat über viele Jahrzehnte.

Jochen Mannhart ermöglichte mir die Rückkehr aus der Industrie an die Hochschule. Er gab mir eine vertrauensvolle Position an seinem Lehrstuhl an der Universität Augsburg, gewährte mir jegliche Freiheit, das Potential meiner neuen Erfindung, des Kraftmikroskopie-Sensors, umzusetzen, und unterstützte die Aktivitäten mit viel Tatkraft und Begeisterung.

Ein großer Dank geht an die vielen Studentinnen und Studenten, Doktorandinnen und Doktoranden, Postdoktorandinnen und Postdoktoranden sowie Gastwissenschaftlerinnen und Gastwissenschaftler, mit denen ich forschen durfte. Viele der Projekte wurden von der Deutschen Forschungsgemeinschaft großzügig finanziell gefördert.

Die ersten Ideeen zu diesem Buch entstanden bei der Vorbereitung zu einem Vortrag anlässlich des Seminars *Magic of Skiing* in Aspen, Colorado, mit Tom Crum im Januar 2017. Weitere Impulse lieferte die Vorbereitung zum Vortrag im Magnushaus bei der Deutschen Physikalischen Gesellschaft im Oktober 2019, initiiert von Wolfgang Eberhardt. Weiter danke ich Ingo Meller und Ferdinand Evers für die Gelegenheit zur Teilnahme an einem interkulturellen Experiment an der Hochschule für Grafik und Buchkunst Leipzig im November 2019, welche ebenfalls wichtige Anregungen für dieses Buch gab. Schließlich danke ich den Familien Dietrich und Kienberger vom Hotel Waldhaus in Sils Maria für die Gelegenheit, im August 2020 über das Thema im Waldhaus zu sprechen.

Den folgenden Personen danke ich sehr herzlich für viele hilfreiche Ratschläge zur Verbesserung des Manuskripts: Gerd Binnig, Michael Hagner, Marina Libermann, Mario Livio, Peter Marinkovic, Ingo Meller, Kristian Hvidtfelt Nielsen, Victoria Vesna. Ich bin diesen Persönlichkeiten für die vielen wohldurchdachten Vorschläge zu großem Dank verpflichtet, auch wenn ich nicht alle umgesetzt habe.

Bei Anja Merkel, Florian Griesbeck und den Mitarbeitern der Physikwerkstatt bedanke ich mich für die Hilfen bei der Konstruktion der Foucault'schen Pendel, Modelle und Apparaturen.

Meine Ehefrau Birgit hat ihre berufliche Tätigkeit stark reduziert, während unsere Kinder klein waren, und es mir so ermöglicht, trotz der langen Stunden in Forschung und Lehre und der vielen Reisen die Freuden einer kleinen Familie zu erleben. Außerdem begleitete sie mich auf viele Ausstellungseröffnungen von Richter, ließ mich für das Schreiben des ersten Manuskriptentwurfs alleine für 20 Tage nach Kuba reisen und gab wichtige Vorschläge zur Verbesserung des Manuskripts. Meinen Söhnen Severin und Valentin danke ich für die vitale Vermittlung des Lebensgefühls der um die Jahrtausendwende herum Geborenen.

Der erste Entwurf des Buches wurde im Januar 2021 im Hotel Royalton Hicacos auf Kuba verfasst. Ich bin dankbar für die atemberaubende Atmosphäre, an einem Schreibtisch auf einem großzügigen Balkon mit Sicht auf den Palmengarten und in Hörweite des Meeresrauschens. Ebenso danke ich den aufgrund der Corona-Pandemie wenigen, aber dafür umso interessanteren Hotelgästen für viele Gespräche, welche weitere Anregungen für dieses Buchprojekt lieferten.

Corinna Eindorfer und Anja Huber danke ich herzlich für das Lektorat und Anna Weindl half mir beim Textsatz in LaTeX. Herrn Uwe Koch danke ich für die meisterhafte Umsetzung des Manuskripts in das Buchformat.

Der Regensburger Universitätsstiftung danke ich für die großzügige Unterstützung dieses Buchprojektes.

Abbildungsverzeichnis

Literatur

[1] G. Binnig, Aus dem Nichts – Über die Kreativität von Natur und Mensch, Piper München Zürich (1989).

[2] Walter Isaacson, Leonardo da Vinci – The Biography, Simon & Schuster, London, New York, Sydney, Toronto, New Delhi (2017).

[3] Armin Zweite, Das Denken ist beim Malen das Malen – Gerhard Richter – Leben und Werk. Schirmer-Mosel, Lenbachhaus (2019).

[4] F. J. Giessibl, S. Hembacher, H. Bielefeldt, J. Mannhart, Subatomic features on the silicon (111)-(7x7) surface observed by atomic force microscopy. *Science 289*, 422 (2000).

[5] H. J. Hug, M. A. Lantz, A. Abdurixit, P. J. A. van Schendel, R. Hoffmann, P. Kappenberger, A. Baratoff and reply by Franz J. Giessibl, Stefan Hembacher, Hartmut Bielefeldt, Jochen Mannhart, Subatomic Features in Atomic Force Microscopy Images, *Science 291*, 2509 (2001).

[6] Minghuang Huang, Martin Čuma, and Feng Liu, Seeing the Atomic Orbital: First-Principles Study of the Effect of Tip Termination on Atomic Force Microscopy, *Phys. Rev. Lett. 90* 256101 (2003).

[7] Dietmar Elger, *Gerhard Richter, Maler* (2002). Dumont Verlag, Köln.

[8] G. Binnig, H. Rohrer, Nobel Lecture: Scanning tunneling microscopy – from birth to adolescence. *Rev. Mod. Phys. 59*, 615 (1987).

[9] Max Frisch, Homo faber. Suhrkamp, Frankfurt am Main (1957).

[10] Abbot et al., Observation of Gravitational Waves from a Binary Black Hole Merger. *Phys. Rev. Lett. 116*, 061102 (2016).

[11] G. Binnig, Atomic Force Microscope and Method for Imaging Surfaces with Atomic Resolution, US Patent No. 4,724,318 (1986).

[12] G. Binnig, C. F. Quate, Ch. Gerber, Atomic Force Microscope, *Phys. Rev. Lett. 56*, 930 (1986).

[13] F. J. Giessibl, Advances in Atomic Force Microscopy, *Reviews of Modern Physics 75*, 949 (2003).

[14] G. Binnig, H. Rohrer, Ch. Gerber, E. Weibel, 7x7 Reconstruction on Si(111) Resolved in Real Space. *Phys. Rev. Lett. 50*, 120 (1983).

[15] F. J. Giessibl, G. Binnig, Investigation of the (001) cleavage plane of potassium bromide with an atomic force microscope at 4.2 K in ultra-high vacuum. *Ultramicroscopy 42–44*, 281 (1992).

[16] G. Binnig, Force microscopy. *Ultramicroscopy 42–44*, 7 (1992).

[17] F. J. Giessibl, Atomic Resolution of the Silicon (111)-7x7 Surface by Atomic Force Microscopy. *Science 267*, 68 (1995).

[18] Rasterkraftmikroskop für sauberes Silizium, *Frankfurter Allgemeine Zeitung*, Natur und Wissenschaft, 22. Februar 1995, Seite N3.

[19] Dava Sobel, Longitude. Harper Collins (2000).

[20] Ferdinand Evers, Wissenschaft in der Lieferkette, *Frankfurter Allgemeine Zeitung*, 3. Februar 2021, Seite N4.

[21] Richard P. Feynman, Robert B. Leighton, and Matthew L. Sands. The Feynman Lectures on Physics. Reading, Mass: Addison-Wesley Pub. Co (1963).

[22] Dalai Lama, Die Welt in einem einzigen Atom, Theseus Verlag Berlin (2005).

[23] F. J. Giessibl, AFM's path to atomic resolution. *Materials Today 8*, 32 (2005).

[24] A. Extance, The atomic-force revolution, *Nature 555*, 545 (2018).

[25] Werner Heisenberg, Der Teil und das Ganze, Gespräche im Umkreis der Atomphysik. R. Piper & Co Verlag, München (1969).

[26] Hubertus Butin, Gerhard Richters Erster Blick im Kontext nanotechnologischer Visualisierungen. In Annerose Keßler, Isabelle Roth (Hg.) Objektivität und Imagination – Naturgeschichte in der Kunst des 20. und 21. Jahrhunderts, Transcript Verlag (2018).

[27] Dietmar Elger, Hans Ulrich Obrist (Hrsg.) *Gerhard Richter, Text 1961 bis 2007. Schriften, Interviews, Briefe*. Verlag der Buchhandlung Walther König, Köln (2008).

[28] Antonia Fehrenbach, Der Lotuseffekt, Axel Dielmann Verlag, Frankfurt (2008).

[29] Dietmar Elger, Sumi Hayashi, *Gerhard Richter – 14 Panes of Glass for Toyoshima, dedicated to futility*. Wako Works of Art, Tokyo (2016).

[30] Gerhard Richter, *Patterns*. Thames and Hudson, London (2012).

[31] S. Hembacher, F.J. Giessibl, J. Mannhart, C.F. Quate, Revealing the hidden atom in graphite by low-temperature atomic force microscopy. *PNAS 100*, 12539 (2003).

[32] Zaoli Zhang, Wilfried Sigle, Fritz Phillipp, Manfred Rühle, Direct Atom-Resolved Imaging of Oxides and Their Grain Boundaries *Science 302*, 846 (2003).

[33] Tamarra Kemsley, May 23, 2013 https://www.natureworldnews.com/articles/2062/20130523/nobel-prize-winning-physicist-henrich-rohrer-dies-79.htm

[34] Kristian Hvidtfelt Nielsen, Nanotech, Blur and Tragedy in Recent Artworks by Gerhard Richter. *Leonardo 41*, 484–492 (2008).

[35] Karl Popper, Alles Leben ist Problemlösen, Piper Verlag München (1994).

[36] W. Isaacson, Steve Jobs. Simon&Schuster, New York (2011).

[37] S. Hembacher, F. J. Giessibl, J. Mannhart, Force microscopy with light-atom probes, *Science 305*, 380 (2004).

[38] Th. Hofmann, X. Ren, A. J. Weymouth, D. Meuer, A. Liebig, A. Donarini, F. J. Giessibl, Evidence for temporary and local transition of sp^2 graphite-type to sp^3 diamond-type bonding induced by the tip of an atomic force microscope, https://arxiv.org/abs/2103.12660 (2021).

[39] J. Welker, F.J. Giessibl, Revealing the Angular Symmetry of Chemical Bonds by Atomic Force Microscopy. *Science 336*, 442 (2012).

[40] M. Emmrich, F. Huber, F. Pielmeier, J. Welker, T. Hofmann, M. Schneiderbauer, D. Meuer, S. Polesya, S. Mankovsky, D. Ködderitzsch, H. Ebert, F. J. Giessibl, Subatomic resolution force microscopy reveals internal structure and adsorption sites of small iron clusters, *Science 348*, 308 (2015).

[41] L. Gross, F. Mohn, N. Moll, P. Liljeroth, G. Meyer, The chemical structure of a molecule resolved by atomic force microscopy, *Science 325*, 1110 (2009).

[42] Mario Livio, Brilliant Blunders: From Darwin to Einstein – Colossal Mistakes by Great Scientists That Changed Our Understanding of Life and the Universe, Simon and Schuster, New York (2013).

[43] F. Huber, J. Berwanger, S. Polesya, S. Mankovsky, H. Ebert, F. J. Giessibl, Chemical bond formation showing a transition from physisorption to chemisorption. *Science 366*, 243 (2019).

[44] F. Charron, L' Expérience du Pendule de Foucault, *L'Astronomie 45*, 457 (1931).

[45] Michael Hagner, Foucault's Pendel und wir. Anlässlich einer Installation von Gerhard Richter, Verlag der Buchhandlung Walther König, Köln (2021).

[46] Dieter Schwarz, Gerhard Richter. Zwei graue Doppelspiegel für ein Pendel in Münster, Verlag der Buchhandlung Walther König, Köln (2021).

[47] Max Frisch, Don Juan oder Die Liebe zur Geometrie. Komödie in fünf Akten. In: Stücke. Band 2. Suhrkamp, Frankfurt am Main (Erstausgabe der zweiten Fassung) (1962).

[48] Brief von Beethoven an Nikolaus Simrock in Bonn, Wien, 28. November 1820 (BGA 1418). Beethoven-Haus Bonn, Sammlung H. C. Bodmer, HCB Br 233 (1820).

[49] Hermann Lübbe, Religion nach der Aufklärung, Wilhelm Fink Verlag, München (2004).

[50] Jordan B. Peterson, 12 Rules For Life – An Antidote to Chaos, Random House, Canada (2018).

[51] Mario Livio, The equation that couldn't be solved: How Mathematical Genius Discovered the Language of Symmetry, Simon & Schuster, New York (2006).

[52] Viktoria von Flemming, „Gerhard Richter – Meine Bilder sind klüger als ich", Dokumentationsfilm Norddeutscher Rundfunk (1992).

[53] Peter Watson, The German Genius, Harper Collins, New York (2010).

[54] Fabian Stilp, Andreas Bereczuk, Julian Berwanger, Nadine Mundigl, Klaus Richter, Franz J. Giessibl, Very weak bonds to artificial atoms formed by quantum corrals. *Science 372*, 1196 (2021).